老HRD
手把手
▼
系列

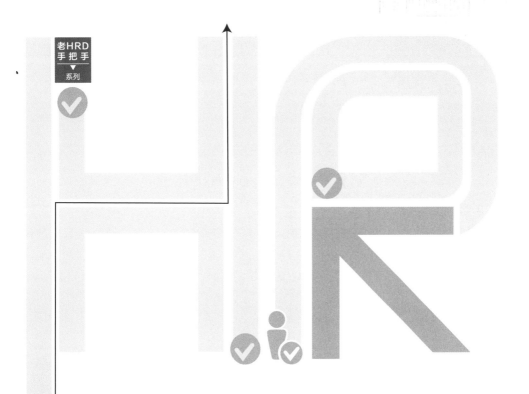

资深培训师
手把手教你
做课程开发

方超◎著

中国法制出版社
CHINA LEGAL PUBLISHING HOUSE

图书在版编目 (CIP) 数据

资深培训师手把手教你做课程开发 / 方超著 . —北京：
中国法制出版社，2020.11

（老 HRD 手把手系列丛书）

ISBN 978-7-5216-1380-3

Ⅰ . ①资…　Ⅱ . ①方…　Ⅲ . ①企业管理—职工培训　Ⅳ . ① F272.92

中国版本图书馆 CIP 数据核字（2020）第 206202 号

策划编辑：潘孝莉（editorwendy@126.com）

责任编辑：潘孝莉　陆伶楠　　　　　　　　　　　　　　封面设计：汪要军

资深培训师手把手教你做课程开发
ZISHEN PEIXUNSHI SHOUBASHOU JIAONI ZUO KECHENG KAIFA

著者 / 方　超

经销 / 新华书店

印刷 / 三河市紫恒印装有限公司

开本 / 730 毫米 × 1030 毫米　16 开　　　　　　　　　印张 / 15　字数 / 230 千

版次 / 2020 年 11 月第 1 版　　　　　　　　　　　　　2020 年 11 月第 1 次印刷

中国法制出版社出版

书号 ISBN 978-7-5216-1380-3　　　　　　　　　　　　定价：59.00 元

北京西单横二条 2 号　邮政编码 100031　　　　　　　　传真：010-66031119

网址：http://www.zgfzs.com　　　　　　　　　　　　编辑部电话：010-66022958

市场营销部电话：010-66033393　　　　　　　　　　　邮购部电话：010-66033288

（如有印装质量问题，请与本社印务部联系调换。电话：010-66032926）

前　言

"虽有嘉肴，弗食，不知其旨也；虽有至道，弗学，不知其善也。是故学然后知不足，教然后知困。知不足，然后能自反也，知困，然后能自强也。故曰：教学相长也。"——《学记》

为加强组织内部讲师队伍的建设，实现专业化、特长化培养，按照讲师专业发展学习地图规划内容与实施要求，特撰写本书，提升内部讲师培训工作的专业水平。

"组织最大的浪费，就是经验的浪费。"前事不忘后事之师，当前社会发展很快，很多组织都意识到组织经验是保证组织不断前进的重要手段，都开始做内部的组织经验萃取，这种经验萃取的形式有很多，比如案例、课程等。在我们针对国内主流企业进行调研的过程中发现，很多内训师参加培训都是"被安排"的，很少有内训师是主动参与的。内训师不知道自己为什么能参加内训师的学习，以及参加后有什么好处，在做课程开发的过程中也不太知道组织的绩效是如何来的，不清楚如何在组织中贡献自己的智慧。尽管大家都参加过形形色色的演讲比赛、征文比赛等，诸如"如何在贡献智慧的同时脱颖而出"等，都是内训师比较关心的话题，但很少有人能够给出专业的指导和建议。部分企业在选拔干部的时候会优先考虑内训师，因为内训师懂得提炼，也善于分享，是组织的不可或缺的人才。

我们可以结合个人品牌的塑造，进行组织经验萃取，既可以帮助业务专家提炼最佳实践，又可以帮助他们塑造个性鲜明的个人品牌标签。

在做课程开发的过程中，我们大多数时候采用集训营的形式，很少会在中途环节留出足够的时间给学员去做调研、做访谈、做数据验证，导致很多课程是"我觉得学员需要的",而非学员真正需要的。讲师在做需求汇总的时候,需要平衡各方的需求。所以,我们应该教会大家如何去做访谈、如何去调研、如何去验证岗位信息,确保输出的知识点与绩效的关联度高,而非一些泛泛的内容,开发出来真正的能帮助到业务部门的课程,解决老大难的问题、打通关键流程、提升部门绩效,做专业部门的最佳搭档,而不是添乱者。

未经过专业训练的内训师在开发课程的过程中,不注意教学目标的提炼,导致内容和教学目标两张皮,相互独立,彼此之间没什么联系,从而使学员学习之后,发现课程"挂羊头卖狗肉",偏离了最初设定的方向,事与愿违,使培训管理者与学员"两败俱伤"。

在课程框架设计的环节,我们发现很多学员的课件结构混乱,先讲什么、后讲什么,彼此之间用什么来衔接没处理好,导致"四不像"。为什么会出现这样的情况?其实仔细分析,就是学员没对课程的脉络做梳理。本书将从四种常见的课程结构入手,帮助大家快速识别自己的课程框架,并能很好地借鉴,避免出现这样的问题。

在教学设计环节大家应用最多的就是分组讨论,至于这个环节为什么要用分组讨论却不得而知。教学活动设计,除了讨论以外还有很多的活动,对于这些活动如何穿插、什么时候用什么样的教学活动、学员的感知度是什么、学员内心的心理活动是什么,本书会结合加涅的九大教学事件进行详细的介绍。

众所周知,好的内容还需要好的包装才能出彩。在课程包开发的过程中,尤其是教学 PPT 的开发,很多学员没有学过设计,也没学过配色技巧,导致课件设计出来要么字太小,要么图不清,要么乱配图,或者配的图带"牛皮癣",给人感觉不够专业。本书会教大家如何配色、如何设计字体、如何对齐、如何降噪,帮助大家把课件设计得美观大方,在配色方面符合主流的审美。

课程是一个有机体,也需要进行"新陈代谢",很多老师以为可以一招吃一辈子,一劳永逸,事实上并非如此。我们的课程也要与时俱进,需要去倾听学员的声音,实现教学互长,而非一味灌输,只有不断推陈出新,才能永葆活力。一旦发现课程不合时宜,就应该有新的课程出来解决新的问题,业务类的问题可以补充，也可以直接新开发，如果原来的业务已经不再开展，那么我们原有的课程也就"寿终正寝"了。

简言之，课程开发并非无章可循，根据本书阐述的"四金"理论模型勤加练习，相信您很快就可以开发出精品课程。

方超

2020 年 6 月

目录
CONTENTS

上 篇

追根溯源
——探寻战略与人才的关系

第一章

战略如何变现

学习思考

- 组织为什么而存在?

- 组织靠什么赚钱?

- 组织的战略与绩效有什么关系?

- 组织架构与人员岗位设置之间的关系是什么?

- 工作任务与绩效之间的关系是什么?

- 培训到底能解决哪些问题?

第一节　商业模式——组织竞争选择

一、商业模式

商业模式是管理者将企业所实行的一组战略编织成具有内在一致性的整体以获得竞争优势和实现卓越绩效的理念,它决定着如何将公司的各项战略和投资协调一致以实现超越平均水平的盈利能力和利润增长。用简单的语言来讲,商业模式是管理者运用战略构造价值链的方法,目的是实现竞争优势和卓越的盈利能力。

商业模式是创业者的创意,商业创意来自机会的丰富和逻辑化,并有可能最终演变为商业模式。其形成的逻辑是:机会是经由创造性资源组合传递的、更明确的市场需求的可能性，是未明确的市场需求或者未被利用的资源或者能力。尽管它第一次出现在 20 世纪 50 年代，但直到 20 世纪 90 年代才开始被广泛使用和传播，现在已经成为挂在创业者和风险投资者嘴边的一个名词。

有一个好的商业模式，成功就有了一半的保证。商业模式就是"公司通过什么途径或方式来赚钱"。简言之，饮料公司通过卖饮料来赚钱；快递公司通过送快递来赚钱；网络公司通过点击率来赚钱；通信公司通过收话费或出租信道赚钱；超市通过平台和仓储来赚钱等。只要有赚钱的地儿，就有商业模式存在。

随着市场需求日益清晰以及资源日益得到准确界定，机会将超脱其基本形式，逐渐演变成为创意（商业概念），包括如何满足市场需求或者如何配置资源等核心计划。

随着商业概念自身的提升，它变得更加复杂，包括产品、服务概念，市场概念，供应链、营销、运作概念，这个准确并差异化的创意（商业概念）进而逐渐成熟，最终演变为完善的商业模式，从而形成一个将市场需求与资源结合起来的系统。

商业模式是一种包含了一系列要素及其关系的概念性工具，用以阐明某个特定实体的商业逻辑。它描述了公司所能为客户提供的价值以及公司的内部结构、合作伙伴网络和关系资本（Relationship Capital）等用以实现（创造、推销和交付）这一价值并产生可持续盈利收入的要素。

在使用"商业模式"这一名词的时候，往往模糊了两种不同的含义：一类作者简单地用它指公司从事商业的具体方法和途径，另一类作者则更强调它模型方面的意义。这两者实质上是有所不同的：前者泛指一个公司从事商业的方式，而后者指的是这种方式的概念化。后一观点的支持者们提出了一些由要素及其之间关系构成的参考模型（Reference Model），用以描述公司的商业模式。

二、成功的模式

任何一个商业模式都是一个由客户价值、企业资源和能力、盈利方式构成的三维立体模式。

《商业模式创新白皮书》把这三个要素概括为：

"客户价值主张"，即在一个既定价格上，企业向其客户或消费者提供服务或产品时所需要完成的任务。

"资源和生产过程"，即支持客户价值主张和盈利模式的具体经营模式。

"盈利公式"，即企业用以为股东实现经济价值的过程。

成功的商业模式具有三个特征：

第一，成功的商业模式要能提供独特价值。有时候这个独特的价值可能是新的思想；而更多的时候，它往往是产品和服务独特性的组合。这种组合要么可以向客户提供额外的价值；要么使得客户能用更低的价格获得同样的利益，或者用同样的价格获得更多的利益。

第二，商业模式是难以模仿的。企业通过确立自己的"与众不同"，如对客户的悉心照顾、无与伦比的实施能力等，来提高行业的进入门槛，从而保证利润来源不受侵犯。比如，直销模式（仅凭"直销"一点，还不能称其为一个商业模式），人人都知道如何运作，也都知道戴尔公司是直销的标杆，但很难复制戴尔的模式，原因在于"直销"的背后，是一整套完整的、极难复制的资源和生产流程。

第三，成功的商业模式是脚踏实地的。企业要做到量入为出、收支平衡。这个看似不言而喻的道理，要想年复一年、日复一日地做到，却并不容易。现实当中的很多企业，不管是传统企业还是新型企业，对于自己的钱从何处赚来，为什么客户看中自己企业的产品和服务，乃至有多少客户实际上不能为企业带来利润，反而在侵蚀企业的收入等关键问题，都不甚了解。

第二节　组织转型——整体系统打造

当今企业升级转型已经成为热门话题，只要是还存在着的企业，基本上每年都在做升级转型，只是力度大小不同而已。那么我们就来看下企业转型的构成要素和支持要素。

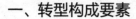

一、转型构成要素

（一）战略意图

组织需要明确愿景、使命和价值观。比如，要做什么，做成什么样，哪些做、哪些不做：如何在工作行为之中进行体现：体现得好的要进行奖励，体现得不好的要进行惩罚，等等。

（二）价值重构

需要对企业内部的价值进行重构，明确最优商业模式及最优流程，对业务板块进行划分，区分出各自的业务模块周期，并淘汰落后产品。

（三）短期盈利

企业不论在哪个发展阶段都需要关注现金流，如今的企业竞争更加残酷，我们需要让企业组织的运营效率提升，实现短期盈利，盈利的模式可以多元化，但是一定要有短期的盈利来支撑企业的滚动发展。

（四）整合资源

当我们的商业模式设计完毕，战略分解结束，就要开始去做各种资源整合，实现优势互补，帮助企业快速发展。在企业开拓新的商业模式的时候，需要整合大量的资源，而整合资源也是体现企业相应需求的一种组织能力。

（五）新业务

企业要想立足市场，就需要不断地去关注新的业务，帮助企业赢得更多的客户资源、抢占先机。在布局新业务的同时，传播、售后及运营流程的配套也必须跟上，否则就容易出现"断供"的现象。"断供"是实质上的流程不完成，响应不及时。这里的"断"和饥饿营销有所不同，需要进行合理区分，饥饿营销是制造"断供"假象，而非真正意义上的"断供"。

二、转型支持要素

（一）统一思想

企业的战略实施，首先要达成共识，只有统一了思想，才有统一行动的可能，我们在统一思想方面，需要贯彻始终，而非虎头蛇尾。统一思想有很多招数，开会、文件、培训等都可以达到我们的目的。但当前比较流行的做法是共创，它可以快速帮助大家达成共识。

（二）沟通体系

沟通体系是我们在做项目管理的过程中必须设计的环节，但也是企业经常会忽视的环节，一旦沟通不畅，就会出现管理问题，要么项目不能落地，要么出现项目"镀金"，最终导致效果不尽如人意。

（三）知识技能

企业的竞争是人才的竞争，归根结底还是知识和技能的竞争。知识和技能是一个企业前进不可或缺的部分，重在知识的快速获取、快速运用，以及运用后快速产生的效果。在资源有限的情况下，我们需要优先关键岗位的知识和技能的提升，再逐步推而广之。

（四）信息系统

信息系统的建设能帮助企业管理者降低决策成本、缩短决策时间、跟踪决策流程、提升决策效率。信息系统的建设不仅可以用在管理上，也可以用在生产经营上，如 CRM 客户关系管理系统、BI 经营分析系统、OA 办公系统等。

（五）组织平台

组织平台既可以是组织架构的一部分，也可以是商业模式的一部分，每家企业可以根据自身的情况进行定义。重要的是要确保在平台上的信息是流畅的，并且有输入、有输出，多触角地与外界接触、与内部反馈，形成完整的闭环。

第三节 组织战略——如何转化绩效

一、战略定位

战略定位就是通过对企业内外环境进行全面分析和对未来发展趋向进行深刻洞察，给业务未来的发展确定一个独特的、优势的竞争位置，引导企业未来的发展方向。

企业有了战略定位，也就找到了企业的原点和前进的方向，企业战略定位的意义就在于明确最适合自己的市场机会并决定进入的价值领域，通过创造独特的客户价值建立竞争优势，成为某个细分市场或行业的领先者。

企业只有明确了自己的战略定位才能找准方向，让企业最大限度地集中资源、高效利用资源，从重点突破，有所为、有所不为，使企业在发展中不断突破。

战略定位决定企业的发展方向和路径，它必须回答三个问题：

- 企业的客户是谁？
- 企业从事什么业务？
- 企业如何创造价值？

对这三个问题的回答构成了战略定位的实际内涵，它包括三个层面的定位。

市场定位：企业的目标客户群、需要满足他们的哪些需求以及企业在目标客户群中的心理定位。

业务定位：企业向目标客户群提供哪些产品和服务。

价值定位：企业价值创造的核心，即价值主张。

二、客户价值

客户广义上包括顾客、股东、员工、合作伙伴以及社会。不同的客户，价值需求也不同，如顾客希望拥有高性价比的产品和愉悦的情感、文化的体验，股东希望投资的收益最大化，员工希望企业提供高薪酬、高福利和好的职业发展，合作伙伴希望增加销售收入和稳定的合作，社会希望企业解决更多人的就业、交更多的税、为环境友好和资源节约作更大的贡献以及更好地承担社会责任等。

在所有客户价值中，顾客的客户价值是最重要的，它是其他客户价值的前提。企业的一切价值活动都是为了更好地为客户创造更大的价值，客户价值最大化既是企业的起点也是企业的终点。在所有客户中，顾客是企业价值创造的前提，股东是价值创造的主导力量，而员工则是价值创造的主体。

后面研究的客户价值特指顾客的客户价值。

客户价值是客户从产品或服务中所感受到的效用和利益，以及通过消费和拥有产品所得到的快乐和满足。

客户价值 = 客户感知的收益 – 客户认知的成本。

客户价值体现在客户的基本需求和需求偏好上，主要有以下三个层面：

- 产品或服务的基本特征：功能、质量、价格、设计、便利。
- 形象与利益：品牌形象和利益（产品的附加值）。
- 与客户的关系：顾客体验到情感和文化层面的感受。

三、战略与绩效

战略管理是对企业战略的形成与实施过程的管理，包括企业内外部环境分析、战略制定、战略实施、测评与监控四个环节。绩效管理是测评与监控环节最重要的构成要素，因此绩效管理是具有战略性的管理制度体系。作为人力资源管理重要组成部分的绩效管理应该成为企业战略的传递系统，通过科学、合理的绩效考评，把企业的战略思想、目标、核心价值观层层传递给员工，使之变成员工的自觉行为，并不断提高员工素质，使员工的行为有助于企业目标的实现。

（一）关键业绩指标法

KPI（Key Performance Index）的核心观念是：设定与企业流程相关的标准值，定出一系列对企业发展、经营有提示、警告和监控作用的指标，然后把实际经营过程中的相关指标实际值与设定的标准值进行比较和评估，并分析其中的原因，找出解决的方法和途径，对企业的流程进行相应的调整和优化，以使未来实际绩效指标值达到令企业满意的程度。

KPI 指出企业业绩指标的设置必须与企业的战略挂钩，"Key"的含义是指在一定阶段内，企业在战略上要实现的最主要目标或要解决的最主要问题。

（二）目标与关键成果法

OKR（Objectives and Key Results）即目标与关键成果法，是一套明确和跟踪目标及其完成情况的管理工具和方法，由英特尔公司发明，在国内互联网公司应用较多。

目标是设定一个定性的时间目标（通常是一个季度）。关键结果是以量化指标的形式呈现的，用来衡量在这段时间结束时目标是否达到。

在全面展开工作时，OKR 就存在于公司（顶级愿景）、团队（被继承并由团队生成，而不仅仅是个人目标的一部分）和个人层面（个人发展和个人贡献）上了。

大多数目标通常是由管理层定义的，但有些目标的设定并不能增加团队的积极性。

公司发布的 OKR 演示文稿应确保能够对依赖关系进行跨功能的对齐和协议。

在目标期间结束时，要特别注意对每个目标的每个关键结果进行评估，不同人的期望是不同的。

（三）平衡计分卡法

1992 年，罗伯特·卡普兰与戴维·诺顿发表了《平衡计分卡——业绩衡量与驱动的新方法》，提出了 BSC（Balanced Score Card）法。BSC 法既强调了绩效管理与企业战略之间的紧密关系，又提出了一套具体的指标框架体系，包括学习与成长、内部管理、客户价值和财务。学习与成长关注员工素质提升、企业长期生命力和可持续发展，是提高企业内部战略管理素质与能力的基础；企业通过自身管理能力的提高为客户创造更大的价值；客户的满意为企业带来良好的财务收益。

科学的 BSC 法不仅仅是重要绩效指标和重要战略驱动要素的集合，也是一系列具有因果联系的目标和方法，体现了企业战略目标与短期绩效目标的整合。BSC 法不但具有很强的操作性，同时又通过对这四个方面内在关系的描述来体现企业发展和当前状况的契合。在绩效管理中，财务性指标是结果性指标，而非财务性指标是驱动指标。BSC 法既强调指标的确定必须包含财务性和非财务性指标，也强调对非财务性指标的管理。

（四）战略的传递

有了正确的策略，并不等于可以有效实施，在战略绩效管理落地的过程中，以下四个环节是关键。

1. 决策层的决心

战略绩效管理的核心是关注战略，而战略与现实之间可能是存在差距的，为了战略的实现，可能要舍弃某些收益，可能要改变既得利益结构，这些对于企业都是巨大的变革，在这个时候，决策层能否下定决心，愿意付出成本，是战略绩效管理成功的关键。

2. 绩效管理链条的构建

战略绩效管理不是一个人、一个组织的事，而是企业整体的责任，因此，能否通过科学的方法把战略目标分解到部门、层级、个人，自上而下形成链条、人人承担责任，也是战略绩效管理发挥系统作用的重要条件。

战略绩效的传递首先应该解决达成共识的问题，其次才是如何进行分工，分工需要进行科学化管理。国内的战略传达主要靠文件和会议进行，但会议可能会出现信息衰减，导致每个人的理解不尽一致；而文件传递的方式可以最大化地还原信息，两者的结合可以起到很好的互补作用。

3. 过程胜于结果

绩效目标的确定、分解、辅导、实现、回顾、审核、沟通融合于整个战略管理和日常工作过程中，对公司运作过程的指导意义远远大于结果本身。通常情况下，只要目标的导向明确，节点布局合理，都可以实现预期的目标，实现战略落地。

4. 考核结果的应用

战略绩效管理的结果不仅要应用于对被考核人的激励，还要系统应用于人才梯队建设、培训与开发、员工职业发展等若干方面，唯有如此，大家才能高度关注战略绩效管理的作用，并自觉地将它与自身的努力方向结合起来。

战略绩效管理是一个重要的管理理念，这一理念的落地需要一套系统、严谨的方法，而策略性思维是解决战略绩效管理从"形似"到"神似"的关键。通过策略性思维，战略与绩效管理活动有机地结合起来、个体目标与企业目标有机地联系起来，如此才能真正实现"有组织的战略导向"。

 案例透视：战略传递

用友（集团）成立于1988年，是亚太地区的大型企业管理软件、企业互联网服务和企业金融服务提供商，是中国的大型 ERP、CRM、人力资源管理、商业分析、内审、小微企业管理软件和财政、汽车、烟草等行业应用解决方案提供商。用友 iUAP 平台是中国大型企业和组织广泛应用的企业互联网开放平台，畅捷通平台支持千万级小微企业公有云服务。用友在金融、医疗卫生、电信、能源等行业应用以及企业协同、企业通信、企业支付、P2P、培训教育、管理咨询等服务领域快速发展。

用友大学的核心职责就是做战略传递及人才培养。用友大学培养了上百名"行动学习催化师"，几乎每一个事业部总经理或副总经理及业务部门总监都是"催化师"，这些"催化师"在内部具有极高的威望和号召力。用友每年的战略班子会议召开后，用友大学就采用分层分级的方式进行战略传递，以行动学习的形式，群策群力，对战略进行二次解码，直至每一个一线员工、每一个人都很清楚公司、部门、自己要做什么。这样做有几个好处，一可以确保信息不衰减，二可以保证上下同欲，三可以实现齐心协力。这种战略传递的方式，也是用友业务高速增长的法宝之一。

思考练习：试着提炼公司今年战略的五个关键词，并想一下公司的战略是如何传达到一线的

今年战略	
关键词	1. 2. 3. 4. 5.
战略传递路径	
战略传递有效性	
绩效考核方式	
绩效考核利弊	
我在战略传递中充当的角色	

第四节　工作任务——从流程看绩效

一、组织分析

组织分析主要包含组织结构、工作流程、工作分析和工作说明书。

组织结构分析，一般情况下，大到一个集团，小到一个部门，都有自己的组织结构，这里我们建议直接从人力资源的组织结构来分析。通常我们会将其分为直线式、职能式、事业部制、模拟分权制四种。组织结构根据业务管控模式的不同会不定期调整，并非一成不变。同时，也有部分成员存在于多个组织结构的情况，存在一定工作职能上的交叉。

二、流程分析

流程分析关注流程是否增值，从而形成认识流程、建立流程、运作流程、优化流程的体系，并在此基础上开始一个"再认识流程"的新循环，同时配有流程描述、流程改进等一系列方法、技术与工具。

一个人从事的工作可能有很多，那么我们就需要寻找关键流程。管理过程很可能涉及重大项目内容、职责划分跨越两个或两个以上部室，因此，管理流程的履行需要部室之间的协调、沟通、配合才能完成。

（一）流程文件构成

•5W

——When：实施流程的时机，即启动流程的条件／依据，也称为"输入"；

——Who：规定由"谁"来实施流程；

——What：流程需要完成的工作内容，包括内容的先后顺序和接口要求；

——Where：完成流程规定内容所需的环境和资源；

——Why：流程实施的结果，即流程内容目标，也称为"输出"。

•1H

——How：完成规定流程中各项内容的方法，也称为工作标准。

依据上述对流程内容规范的定义,我们将形成流程的文件内容划分为两个部分:流程图和工作标准(流程说明文件)。

(二)流程图的绘制

1.流程图绘制的基本要求

(1)对流程不熟悉的人,不需要任何解释就能读懂流程图。

(2)有明确定义的开始和结束,所有的流程都有且只有一个开始和结束,开始在流程第一个进程的前面,结束在流程最后一个进程的后面。

(3)开始和结束应尽量在同一个部门,闭环管理。

(4)不要出现死循环。

(5)流程图符号绘制的顺序应是从上到下、从左到右,并按流程走向编制流程符号。

(6)流程不能在同一页绘制的,可使用连接符连接到下一页中。

(7)各项步骤有选择或决策结果,如通过、不通过,或其他文字时,请返回查看流程是否有遗漏,以避免出现"悬而未决"的状况。

(8)相同流程图符号应大小一致。

(9)流程图中若参考到其他已定义流程,可使用已定义处理程序的符号,不必重复绘制。

(10)流程动作主体描述:流程只涉及一个岗位的,以"部门岗位"命名,且流程描述中不用提及岗位;流程涉及同一个部门两个岗位及以上的,以"部门"命名,流程节点描述中须说明动作主体与岗位。

表1-1 流程符号

流程符号图示	说 明
	开始符号:表示流程的开始。
	终止符号:表示流程的结束。

续表

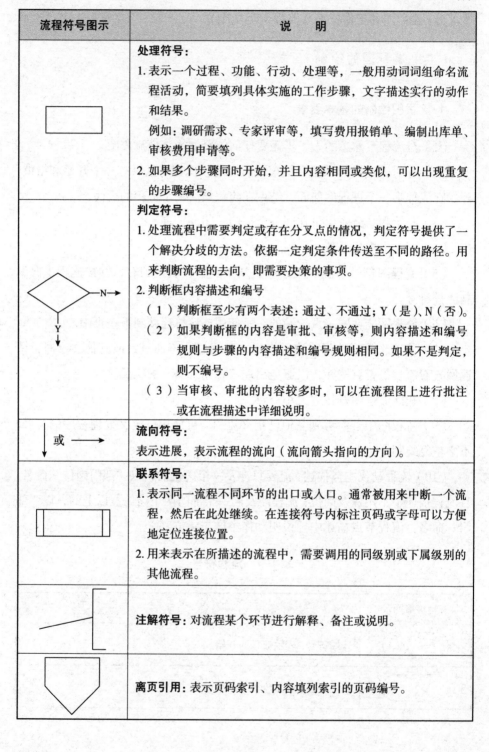

流程符号图示	说　　明
	处理符号： 1. 表示一个过程、功能、行动、处理等，一般用动词词组命名流程活动，简要填列具体实施的工作步骤，文字描述实行的动作和结果。 　例如：调研需求、专家评审等，填写费用报销单、编制出库单、审核费用申请等。 2. 如果多个步骤同时开始，并且内容相同或类似，可以出现重复的步骤编号。
	判定符号： 1. 处理流程中需要判定或存在分叉点的情况，判定符号提供了一个解决分歧的方法。依据一定判定条件传送至不同的路径。用来判断流程的去向，即需要决策的事项。 2. 判断框内容描述和编号 （1）判断框至少有两个表述：通过、不通过；Y（是）、N（否）。 （2）如果判断框的内容是审批、审核等，则内容描述和编号规则与步骤的内容描述和编号规则相同。如果不是判定，则不编号。 （3）当审核、审批的内容较多时，可以在流程图上进行批注或在流程描述中详细说明。
或	**流向符号：** 表示进展，表示流程的流向（流向箭头指向的方向）。
	联系符号： 1. 表示同一流程不同环节的出口或入口。通常被用来中断一个流程，然后在此处继续。在连接符号内标注页码或字母可以方便地定位连接位置。 2. 用来表示在所描述的流程中，需要调用的同级别或下属级别的其他流程。
	注解符号： 对流程某个环节进行解释、备注或说明。
	离页引用： 表示页码索引、内容填列索引的页码编号。

2. 流程构成

一个流程一般包含开始、过程、判断等内容，也有可能出现二次判断，它的目的是帮助我们梳理思路、找到关键事件的运作顺序。

三、工作分析

对特定的工作作出明确规定，并确定完成这一工作所需要的知识技能等资格条件的过程。

接下来我们就需要分析工作，需要从岗位职责说明书来分析。岗位职责说明书一般包含基本信息、职责范围和工作结果，应该具备的知识和能力描述，通常包含以下几种情况。

- 该职位的基本情况：名称、职等职级、所属部门、编制等。
- 该职位存在的价值和目的。
- 对该职位的要求有哪些要素？如规划、组织、审核、创新等。
- 该任职者的责任和权力。
- 该职位和外部的互动关系。
- 该职位需要使用的设备仪器、需要的证照。
- 该职位的工作环境和工作地点。
- 该职位的上下级汇报关系、服务的相互关系。
- 这份工作需要人员具备什么样的素质、技能和经验。

表 1-2　工作维度分析

工作内容 / 工作情景因素	工作特征
• 工作职责	• 职位对企业的贡献与过失损害
• 工作任务	• 管理幅度
• 工作活动	• 承担的风险
• 绩效标准	• 工作的独立性
• 关键事件	• 工作的创新性
• 沟通网络	• 工作中的矛盾与冲突
• 工作成果（如报告、产品等）	• 人际互动的难度与频繁性

通用的工作问卷分析方法有：调查问卷法、访谈法、观察法、工作日志法、主管人员分析法。我们可以通过从众多的工作中进行筛选，找出最核心和最关键的工作任务。

通过工作职责验证，能快速了解到一个部门最核心的工作，知道内部成员之间的分工和工作程序的流转情况。

表1-3　核心工作职责验证

职位名称			所属部门	
职等职级			现有人数	
直接工作职责				
编　号	工作职责	发生频率（%）	重要程度（%）	占总业务量（%）

在做岗位分析的同时，我们一般还要去做验证、做访谈，以下为访谈中经常会问到的问题，在做课程开发时可以进行参考。

表1-4　岗位分析验证访谈话术

序　号	访谈内容
1	请您用一句话概括您的职位在本公司中存在的价值，以及它要完成的主要的工作内容和要达成的目标。
2	请问与您进行工作联系的主要人员有哪些？联系的主要方式是什么？
3	您认为您的主要工作职责是什么？请至少列出八项职责。
4	对于这些职责您是怎样完成的，在执行过程中碰到的主要困难和问题是什么？
5	请您指出以上各项职责在工作总时间中所占的百分比（请指出其中耗费时间最多的三项工作）。
6	请指出您以上的工作职责中最为重要、对公司最有价值的工作是什么？

序 号	访谈内容
7	组织所赋予您的最主要的权限有哪些？您认为这些权限有哪些是合适的，哪些需要重新界定？
8	请您就以上工作职责，谈谈评价这些职责是否被出色地完成的标准是什么？
9	您认为在工作中您需要其他部门、其他职位为您提供哪些方面的配合、支持与服务？在这些方面，目前做得好的是什么，尚待改进的是什么？
10	您认为要出色地完成以上各项职责需要什么样的学历和专业背景？需要什么样的工作经验（类型和时间长度）？在外语和计算机方面有什么要求？您认为要出色地完成以上各项职责需要具备哪些能力？
11	您认为要出色地完成以上各项职责需要具备哪些专业知识和技能？您认为要出色地完成以上各项职责需要什么样的个性品质？
12	请问您工作中自主决策的机会有多大？工作中是否经常加班？工作繁忙是否具有很大的不均衡性？工作中是否要求精力高度集中？工作负荷有多大？

四、任务漏斗

在做完工作任务分析之后，我们需要对某一个岗位的重点工作任务进行分析和排序，将一些不重要、频次不高、难度不大及对绩效贡献不高的工作任务排除在外，进一步筛选重点工作任务。我们建议在做这项工作的时候，动用该岗位的岗位专家，让专家来做任务梳理和评分，上级主管部门确认。

表 1-5　岗位任务漏斗实施流程

步 骤	任务判断	相关要求
第一轮	穷举任务	动宾结构
第二轮	筛选任务保留 50%	从难度、重要性、频率及绩效关联四个维度判断
第三轮	保留六至八项核心	从难度、重要性、频率及绩效关联四个维度判断

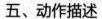

五、动作描述

对一些核心的工作任务进行描述，并配以使用的工具、方法、策略和思路，我们以销售经理的信息收集任务为例来对典型工作任务进行分析。

表 1-6　核心工作任务描述

工作任务	任务描述	工具、方法、策略
确定收集目标及内容	1. 确定目标集团的行业属性、企业性质 2. 确定目标集团关键成员的清单 3. 确定信息收集的内容：集团客户所属行业信息、集团客户基本信息、集团客户成员信息、竞争情报	国家统计信息规范 集团客户信息表 集团客户成员信息表
实施信息收集	通过以下方式或渠道收集信息： 1. 工商、税务登记注册查询 2. 互联网关键词搜索 3. 行业论坛关键词搜索 4. 行业刊物媒体阅读或搜索 5. 行业协会查询 6. 拜访客户或其他相关人员 7. 其他渠道补充（QQ、行业群等）	行业网站
整理并分析信息	1. 整理行业信息化相关信息 2. 整理行业发展趋势相关信息 3. 整理集团客户基本信息 4. 分析竞争情报 5. 形成行业客户潜在需求分析	组织架构图 行业需求分析表 业务流程图 客户信息表

六、胜任标准评分

对典型工作任务进行评分，可以采用"自评+上级"的形式。自评可以占 30%，上级评价占 70%（分值所占比例可以调整，但建议他评的占比超过自评的占比），分值越高说明匹配度越高。以下为某公司客户经理的典型工作任务评分表。

表1-7　典型工作任务评分

工作任务	任务描述	评分（1—10）
确定收集目标及内容	1. 确定目标集团的行业属性、企业性质 2. 确定目标集团关键成员的清单 3. 确定信息收集的内容：集团客户所属行业信息、集团客户基本信息、集团客户成员信息、竞争情报	
实施信息收集	通过以下方式或渠道收集信息： 1. 工商、税务登记注册查询 2. 互联网关键词搜索 3. 行业论坛关键词搜索 4. 行业刊物媒体阅读或搜索 5. 行业协会查询 6. 拜访客户或其他相关人员 7. 其他渠道补充（QQ、行业群等）	
整理并分析信息	1. 整理行业信息化相关信息 2. 整理行业发展趋势相关信息 3. 整理集团客户基本信息 4. 分析竞争情报 5. 形成行业客户潜在需求分析	

思考练习: 从难度、重要性、频率及绩效关联四个维度试着分解自己部门同事的典型工作任务

对　象	第一轮分解	第二轮分解	第三轮分解
主管			
同事 A			
同事 B			
我			

第五节 培训定位——寻找成功因子

一、培训实质

培训管理者或讲师时常会听到专业部门或学员抱怨培训无用，出现既浪费时间，又浪费精力，还浪费金钱的局面，导致业务部门不能有效参加培训。为什么会出现这样的情况呢？

培训过程实质上是针对绩效数据进行分析，找出高效的行为，并且分析这些高效行为背后的认知和理念，从而提取重要的价值观和信念。将其价值观背后的高效做法高度结构化，找出其高效工作的路径、策略、方法和工具。再结合队伍的实际情况，找出彼此的差异点，形成新的认知，优化现有的策略和方法，最终改善群体绩效。

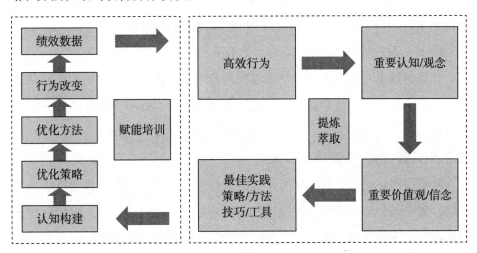

图1-1 高效行为与组织绩效关联

麦肯锡提出的"70—20—10"原则认为，70%的知识技能是在工作中获得的（在做中学）；20%是在与人沟通、交流、讨论中获得的；10%是在参与正式的培训中获得的（课堂）。[1]

---

① https://trainingindustry.com/wiki/content-development/the-702010-model-for-learning-and-development/.

如果要深入地探讨"培训无用"的原因，可能会有以下两点。

首先，没有培训体系，培训永远在救火。业务部门说销售不行了，就做销售的培训，业务部门说氛围不好了，就做激励方面的培训，而没有设计一个好的体系，根据人才的"选用育留"来进行系统化管理，形成一体化的培养思路。我们建议企业根据"从人才地图到学习地图，再到学习路径图"的方式来构建学习内容，找到关键任务，帮助员工提升技能，从而进一步提升绩效。

其次，企业培训管理的制度问题。多数企业的培训需求分析没做好，没有结合企业自身的战略导向、业务发展形态，也没有倾听员工的诉求。我们应该按照 PDCA 的原则来对培训课程进行设计，这样，课程源于业务，才能够帮助解决业务的实际难题，课程实施后，再对课程进行有效评估，让学员用数据说话。

培训评估的流派有很多，我们建议采用比较通用的柯氏四级培训评估模式。

柯氏四级培训评估模式（Kirkpatrick Model）是世界上应用最广泛的培训评估工具之一，在培训评估领域拥有难以撼动的地位。[3]

Level 1. 反应评估（Reaction）：评估被培训者的满意程度。

在培训结束时，向学员发放满意度调查表，征求学员对培训的反应和感受。问题主要包括学员对讲师培训技巧的反应、对课程内容设计的反应、对教材挑选及内容和质量的反应、对课程组织的反应，以及在将来的工作中，是否能够用到所培训的知识和技能。

学员最明了他们完成工作所需要的是什么。如果学员对课程的反应是消极的，就应该分析是课程开发设计的问题还是实施的问题。这一阶段的评估还未涉及培训的效果，学员是否能将学到的知识技能应用到工作中去还不能确定，但这一阶段的评估是必要的。培训参加者的兴趣、受到的激励，以及对培训的关注对任何培训项目都是重要的。同时，在对培训进行积极的回顾与评价时，学员能够更好地总结他们所学习的内容。

Level 2. 学习评估（Learning）：测定被培训者的学习获得程度。

确定学员在培训结束时，是否在知识、技能、态度等方面得到了提高。

实际上要回答一个问题："参加者学到东西了吗？"这一阶段的评估要求通过对学员参加培训前和培训结束后知识技能测试的结果进行比较，了解学员是否学习到了新的东西，同时也是在与培训设计中设定的培训目标进行核对。这一评估的结果也可体现出讲师的工作是否是有效的。但此时，我们仍无法确定参加培训的人员是否能将他们学到的知识与技能应用到工作中去。

Level 3. 行为评估（Behavior）：考察被培训者的知识运用程度。

这一阶段的评估要确定培训参加者在多大程度上通过培训而发生行为上的改进。可以通过对参加者进行正式的测评或以非正式的方式如观察来进行评估。总之要回答一个问题："人们在工作中使用了他们所学到的知识、技能和态度了吗？"尽管这一阶段的评估数据较难获得，但意义重大。只有培训参与者真正将所学的东西应用到工作中，才达到了培训的目的。只有这样，才能为开展新的培训打下基础。需要注意的是，因这一阶段的评估只有在学员回到工作中去时才能实施，因此，这一评估一般要求与参与者一同工作的人员如督导人员等参加。

Level 4. 成果评估（Result）：计算培训创出的经济效益。

这一阶段的评估要考察的不再是受训者的情况，而是在部门和组织的大范围内，了解因培训而带来的组织上的改变效果，即要回答："培训为企业带来了什么影响？"这可能是经济上的，也可能是精神上的。如产品质量得到了改变，生产效率得到了提高，客户的投诉减少等。这一阶段评估在费用和时间上，难度都是最大的，但对企业的意义也是最重要的。

以上培训评估的四个层次，实施从易到难，费用从低到高。一般最常用的方法是反应评估。而最有用的数据是成果评估。是否评估、评估到第几个阶段，应根据培训的重要性决定。

那么，我们看下，在什么情况下会有培训的需求产生？我们按照外部和内部两个维度进行了区分，参照下表。

表 1-8　培训需求来源

内外原因	来　　源
外部	国家政策调整
	行业监管变化
	竞争对手经营策略变化
	来自客户的抱怨
内部	企业经营战略变化
	企业经营过程中遇到的难题
	企业发展目标变更
	企业运营流程变更
	岗位技能要求
	员工职业生涯规划
	来自员工的抱怨
	工作质量低下、经常性的失误
	绩效差距
	超出现有技能的项目
	员工的大量换血
	员工矛盾和利益冲突
	新业务 / 新产品
	操作系统
	新操作系统

近年来，HRBP 比较火的原因就是大家认为人力资源能很好地支撑业务，帮助业务进一步发展。那么，他们是如何帮助业务部门实现业务增值的呢？就是通过战略分解，再到人力资源的全面规划、发展及变革来助推业务。

培训其实也是为了帮助组织更好地实现组织目标、提升组织绩效、进一步传递组织战略、渲染组织文化、提升员工能力。

内训师来自组织内部，对组织的生产、经营、企业文化是比较熟悉的，一旦你被选做内训师，就说明你在岗位上的绩效是靠前的，能很好地代表公司的水平，是有助于组织的绩效提升的。我们在做课程开发之前就要明确一点：我们的培训一定是助力业务的，绝对不是给业务添乱的。我们做的表面上是讲课或培训资源开发，但绝不仅仅是做经验分享，而是要用自己最闪光的点链接学员，帮助学员找到他们在工作中的痛点、难点，帮助他们逐一击破，实现知识的补充、能力的提升和态度的改变。

二、终端销售评估案例

某通信公司为了更好地占领市场，推出了新的制式手机，新手机迎合的是新的网络应用以及流量业务的拓展，但在全国终端销售的数量差异较大。人力资源部访谈后了解到，销售业绩领先的部门做了一个终端销售七步法的培训，以下为培训实施流程和评估手段。

表 1-9 终端销售七步法

阶 段	细 项	内 容
课前	调研	设定一、二、三类地市公司的市场部经理、营业厅店面经理及销售代表作为调研对象。 摸清当前系统的参数及销售流程及话术。 针对不同的消费群体，摸清消费者关心的话题。
	协同	在培训场地周边找一家营业厅作为实训地点。
	宣传	告知参训学员及其主管学习目标、学习任务和学习后评估的内容。
	预习	对终端的销售基础知识、话术及销售中常见的问题、案例进行预习。
课中	体验销售	去营业厅直面客户，每个人 10 分钟，现场看是否能促成销售，且全程跟踪录像。
	现场上课	销售过程回顾。 自评。 点评。 讲师授课。

续表

阶　段	细　项	内　容
课后	评估	定期分享动态及应用情况。 分享遇到的困难。 讲师在线答疑。 绩效变化动态。 通过本次培训，学员平均销售的终端数量提升辅导达到20%以上。

思考练习：试着回想自己参加过的、印象比较深刻的几次培训，培训组织者是采用的几级评估

培训名称	评估类型	评估手段	判断依据

第二章

组织发展与个人品牌塑造

学习思考

- 大 H 通道与我们常说的职业晋升通道的区别是什么？

- 我有哪些内容可以给学员分享？

- 如何确保我们分享的内容就是学员想要学习的内容？

- 如何看待我们的学习成长与学员成长之间的关系？

- 作为内训师，我们的定位是什么？

第一节　知识付费——个人智慧变现

一、知识付费发展纪元

"知识付费"这个词并不陌生，从知识付费的发展历程来说，2016 年被称为"知识付费元年"。[①] 到今天为止，知识付费仍然是很多业内人士推崇的很有前景的行业和模式。相关数据显示，到 2017 年，知识付费的用户已经接近 5000 万人，同时还有越来越多的人正选择加入知识付费的学习当中来。

从 2016 年开始，一系列标志性事件让知识付费渐渐成为时尚。2016 年5 月 15 日，付费语音问答平台——"分答"上线。通过这一平台，你可以

---

① https://www.jianshu.com/p/b3628b2f679d?utm_campaign.

快速地找到能给自己提供帮助的那个人，用 1 分钟时间为你答疑解惑，很多名人和各领域的专家也都加入分答付费问答模式。随后崛起的相关平台和活动还有得到 APP、喜马拉雅 FM 知识付费节、123 知识狂欢节、知乎 live 等。

二、知识付费是对知识的尊重

知识付费的本质，就是把知识变成产品或服务，以实现商业价值。知识付费有利于人们高效筛选信息，付费的同时也激励优质内容的生产。知识付费是对内容加工、整理和筛选的高度认同，当前比较盛行的是个人付费。

三、企业对知识付费

企业其实也在对知识进行付费，只是形式不同而已，大多数国内的企业是针对在线学习平台进行付费，少部分的企业有对内训师进行激励，激励的形式多种多样，诸如发放课程、在晋升的时候进行加分等。越来越多的企业也开始对内训师进行课程津贴的发放，说明企业内部也高度关注企业知识的沉淀。

四、组织智慧与个人变现

组织中的关键流程和诀窍往往存在于日常运营的各个环节，有人理解透彻，并且能很好地运用，创造了高的绩效，我们可以通过这些内部的"达人"将其核心的工作要领进行提炼、加工，进而形成各式各样的知识产品，诸如课程、案例、视频及宣传册等。

企业可以根据每个人的贡献大小进行付费，帮助其进一步提炼和传播，这已经成为当前比较时尚的做法。个人在贡献智慧的时候，还能得到应有的回报，从某种程度上说实现了双赢。

第二节　二八突破——组织绩效倍增

一、二八原理的起源

二八定律又名 80/20 定律、帕累托法则，被广泛应用于社会学及企业管理学等。它是 19 世纪末 20 世纪初，由意大利经济学家帕累托发现的。他认为，在任何一个组织中，最重要的只占其中一小部分，约 20%，其余 80% 尽管是多数，却是次要的，因此又称二八定律。

二、二八原理与绩效

一个组织里尽管有很多管理手段和管理流程，但真正能使组织保持领先的 20% 是关键流程和关键管理手段，一旦组织识别到这些因素，就能在市场变化不大的情况下，迅速积累自己的实战经验，并且将这些经验应用到实战之中。

组织最大的浪费就是对经验的浪费。我们如果能对为组织绩效作贡献的关键因素进行提炼，并应用到日常的管理之中，那么后 80% 的比例将会逐步缩小。我们需要关注的是如何将 20% 的优秀做法快速扩大并且进行有效复制，在企业内部产生裂变。

在市场总量一定的情况下，我们的成功模式能带动更多的员工采用高效的组织行为，那么组织将会占领更多的市场份额。

三、二八原理与知识管理的关系

企业要想在短时间内获得更大的成功，除了商业模式的革新之外，还需要关注员工的思维模式、能力和治理方式。

员工能力的厘定有"内建、外购、解雇、留才和外借"五种常见模式[1]，一

---

[1]　杨国安《组织能力的杨三角——企业持续成功的秘密》，第47页。

般情况下，在未开启新的商业模式前，较少采用的是外购和外借的模式，那么内建就显得尤为重要。如何在企业内部对员工进行内建和培养，是每一个人力资源从业者关心的话题。

要想快速帮助员工梳理学习路径，就需要先对其典型的工作任务进行梳理，对影响绩效的关键任务进行抽取，看下这些任务是属于知识的，还是属于技能的，或者是属于态度的，再针对这些碎片进行二次整合排序，帮助其快速依据任务来进行场景化的学习、快速提升绩效。当每一个员工的绩效都有所提高的时候，组织绩效就得到了整体提升。

我们在梳理关键绩效的时候，需要对高绩效进行对标。最好的高绩效来自组织绩效前 20%，那么我们就需要对他们的想法和做法进行访谈和追踪，进行验证后，才可以得到在企业内部的最佳实践。

当然，萃取出来的最佳实践形式有很多，包括案例、视频、工作流程等。如果是知识类的，我们建议直接通过微课或者是以文档的形式组织大家进行自学即可。如果涉及技能和态度，我们建议将其开发成为课程，不断强化，使后面的 80% 的员工熟悉并掌握，再灵活应用。在这个由浅入深的过程中，可以对每一个环节设计考核，帮助其检测是否"达标"。

第三节　惠人达己——以点带面突起

一、组织的关键人才

企业有多个岗位，部分岗位是关键岗位，从事关键岗位的人员就属于关键人员。关键岗位是在企业经营、管理、技术、生产等方面对企业生存发展起重要作用、与企业战略目标的实现密切相关、承担重要工作责任、掌握企业发展所需要的关键技能，并且在一定时期内难以通过企业内部人员置换和市场外部人才供给替代的一系列重要岗位的总和。关键岗位是在企业经营活动中处于最重要环节的岗位，是企业发展所需要的关键技能的主要组成部分，并且这些岗位在一定时期内很难通过企业内部人员置换和市场外部人才供给替代。

关键岗位与其他岗位相比具有以下几个特征：责任重、工作内容复杂、可支配的资源多、任职资格的要求高、人员数量少、对企业的经营目标与战略目标的贡献率高。关键岗位通过职责直接与实现组织目标的一系列活动相联系，与工作成果直接挂钩。在实际应用中，如果将人才价值的确定与人力资源管理以及企业的战略与经营计划有机地结合起来，会提高模型的可操作性，为此，有必要结合关键岗位应具备的能力以及岗位创造价值的大小，建立核心人才和关键岗位的识别与匹配框架模型，确保人才与岗位匹配，同时将人才和岗位评价与企业目标紧密结合，构建起综合评价框架，提高管理的效率。

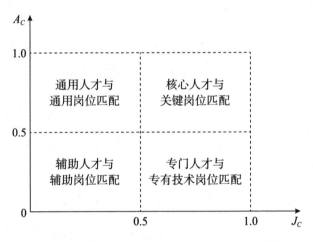

图2-1 人才与岗位匹配的波士顿矩形[4]

二、人才晋升通道

（一）晋升的三大原则

1.德才兼备，德和才二者不可偏废

企业不能打着"用能人"的旗号，重用和晋升一些才高德寡的员工，这样做势必会在员工中造成不良影响，从而打击员工的积极性。德行欠缺的人员对组织的破坏性会比一般员工更大。

2. 机会均等

人力资源经理要使员工面前都有晋升之路，即对管理人员要实行公开招聘、公平竞争、唯才是举，只有这样才能真正激发员工的上进心。

3. 阶梯晋升和破格提拔相结合

阶梯晋升是对大多数员工而言。这种晋升的方法可避免盲目晋升，准确度高，便于激励多数员工。但对非常之才、特殊之才则应破格提拔，使稀有的杰出人才不致流失。

4. 内外结合

大的公司在业务扩张比较快的时候，对一些新业务的管理，一般采用的是外部猎头招聘的形式，这样能实现新人干新事。

（二）晋升的独木桥

我们知道按照二八原理，一个组织里面被定义为高价值的岗位并不多，约占组织的20%，这20%的岗位大多数属于管理岗位，其他岗位相对偏少。如果要选拔高潜力人才，一般会从绩效、能力两个维度来考量。

表 2-1　组织里的高潜力人才选拔维度

序　号	能　力	绩　效
1	高	高
2	中	高
3	高	中

这些人分布在知识密集型的组织中占比约20%，在劳动密集型的组织中占15%左右，要想成为其中一员，难度可想而知。

通常情况下我们要晋升，要么走管理通道，要么走专家通道。管理通道一般晋升难度会比较大，一个部门的管理岗位一般情况下就两个人，小的部门可能就只有一个正职，并且管理者70%以上的管理工作都是做沟通，如果不善于沟通，可能就不擅长做管理。作为员工，如果想要异军突起，做出一些改变的话，或许就需要调整思路，走专家通道。

下面我们看一个国内知名企业的专家晋升通道的任职要求。

表2-2 某知名企业任职资格要求

任职资格等级	对应序列	认证方式	结果认证机构
五	专家	材料公示＋举证答辩	专委会
四	主管	考试＋举证答辩	分委会
三	管理	考试＋举证答辩	专业组
二	专员	考试	员工所在部门主管
一	助理	考试	员工所在部门主管

任职资格一级、二级认证：认证申请人提交申请材料，所在部门主管审核通过后参加相应考试，考试通过即获得任职资格一级、二级认证。

任职资格三级、四级认证：任职资格三级、四级认证申请者只有在考试通过后才有资格参与举证答辩，举证答辩平均分60分及以上则认定为通过认证。专业组负责组织任职资格三级认证并评审其认证结果，分委会负责评审任职资格四级的认证结果。

任职资格五级认证：任职资格五级无考试环节，材料经公示无问题后，直接参与举证答辩，由专委会负责评审其认证结果，举证答辩平均分60分及以上则认定为通过认证。

大家通过以上介绍，是否看到了专家通道的特殊性？一般情况下，举证答辩就是在说明你对公司的贡献。贡献的种类有很多，如做销售给公司带来的收入、做管理颁布的新的规章制度、做研发为公司申请的专利、做人力资源为公司做的人力增值等，通过这些举证来证明自身的价值。我们从人力资源的角度来看，以上种种价值如何在你的表述中呈现出来。除了需要有高超的材料收集、提炼、加工能力，还需要有超强的自我介绍水平，能克服开场的恐惧、能引起评委的兴趣和共鸣，过五关斩六将，最终脱颖而出。那么，如何才能快速具备这些能力呢？

三、异军突起的机会

作为企业的业务骨干，只有将自己的东西提炼出来，在企业快速复制和推广，才能价值最大化。要这样做，就需要具备一些能力，如总结、分析、材料加工和表达等，如何具备这些能力呢？在企业里什么人具有这些特质呢？

除了少数的管理岗之外，大部分具有这些特质的人就是我们的内训师。他们经过正规的培养，知道如何去选题、如何去定目标、如何去设计材料的框架，并且懂得如何设计对应的教学策略。他们在公众面前知道如何设计开场，也知道如何克服紧张，更加懂得倾听需求。他们在做自我介绍及材料评审答疑的时候可以不慌不忙、娓娓道来，做到游刃有余。

要想走专家通道，首先得让自己成为一名内训师，加入的时间越长，越能应对各种不同的场合。

企业会对内训师进行激励，激励的其中一部分就是绩效上的加分，不论对走管理通道还是走专家通道都是极有帮助的。在做内训师的过程中，你会有以下几大收获。

（一）专业知识

- 准确了解组织战略。
- 更加系统化。
- 更加宽泛化。

（二）能力提升

- 训练总结能力。
- 训练材料加工能力。
- 训练如何与人进行有效互动。
- 学会倾听。
- 能进行有效的收尾。

（三）人脉拓展

- 有机会认识单位领导。
- 认识人力资源或企业大学的相关负责人。
- 认识各个线条、模块的骨干员工。
- 有机会接触兄弟单位人员。

第四节 人人为师——知识网红 IP 塑造

一、人人为师时代来临

随着内容获取的便捷化和课程开发的工具化，课程的开发由原来的少数人演变成"只要你有料，你就可以成为讲师"。学员可以是讲师，讲师也可以是学员，教学相长。一旦组织利用好这个特性，就能充分地塑造知识典范，让"民间"的智慧大放异彩。

 案例透视：顺势而为的保险直播

国内某知名寿险公司，有员工 20 万人，外勤约 12 万人，由内训师、组训和训练师三支队伍对外勤进行培训。但随着集团公司的迅速发展，区域发展不平衡的矛盾越发突出，东部地区和南部地区的先进经验不能快速在集团内部传播，形成生产力。

这个难题成了经营管理者的难题，也成了培训管理者的难题，后经过培训部多次研讨，决定打破以往的格局，对案例开发技术进行全面开放，举办了"百千万案例工程"培训项目，率先由讲师的三支队伍近 1200 名讲师掌握案例开发技术，并逐一通关。再由这些种子讲师将案例开发技术传递到每一个外勤人员身上，大家一起来进行案例萃取，帮助企业第一时间挖掘典范，并在企业内部的案例平台上进行合规审查后，马上进入案例库，打破了原来只能"我讲你听"的格局，形成了"只要我有好的内容，我就可以上集团"的新面貌。

很快，案例库得到了充实，不到一年时间就收集了近万个案例。大家互通有无，实现了案例"可以自学，可以分享，还可以训练"的"三可"态势。培训管理者根据公司的营销节奏定期推送相关的案例，帮助企业在营销方案下达的同时看到标杆团队的最佳做法。如果分享的内容足够好，学员还可以对分享者进行打赏，让分享者现场感受到知识变现的乐趣。与此同时，分享者还可以开放讨论，倾听大家最真实的声音，让静态分享变成动态碰撞。

该举措一经推出，就在业内形成良好的口碑，每年为公司节约成本近500万元，省去了讲师的大量时间和精力。

二、内部讲师的优势剖析

（一）源于实战，应用实战

培训是组织有计划地实施的、旨在改进员工的知识、技能、工作态度和行为，从而使其发挥更大的潜力以提高工作绩效，最终实现组织发展、个人发展的活动。我们经常把外部培训比喻为"隔靴搔痒"，原因就在于虽然外部培训资源很丰富，培训师的授课经验也很丰富，但由于每家企业在管理体制、文化等方面迥然不同，课程内容往往千篇一律，缺乏针对性和实用性，只能解决普遍问题，不能解决企业的个性问题。很多参加外部培训的员工有同样的感受：听课时觉得课程内容很精彩，感觉很受启发，但听完回来在实际工作中却发现没办法应用。而内训师由于长期处在企业实际工作环境中，对企业内部的运作情况有着较准确的把握，可以根据企业实际情况进行量体裁衣式的培训，更容易为受训者提出针对性强的意见和方案。

（二）轻车熟路，聚集人气

内训师在绩效方面一定是领先的，优势就在于将其日常管理经验提炼出来，形成课程、案例等在组织内部进行推广，让不合格的变合格，让合格的变优秀，让优秀的保持稳定并有所突破。

外部培训和内部培训比，组织内部的专家比外部更加了解企业内部的运作流程和机制，更加贴近真实的组织运营。并且我们的内部讲师本身就是某个领域或某岗位的专家，能很好地分享自己的实战经验，教学相长，且有很好的粉丝效应，能帮助企业在学习型组织的锻造方面聚集人气。

（三）转化跟踪，落地成本低

外部培训往往是将员工送出去或将培训外包给专门的培训机构，这也就意味着培训过程交由员工个人或外部机构管控，企业人力资源部门只能在前期对培训师资和培训课程进行筛选，在培训结束后通过考核培训者的方式了解培训的效果，对培训实施过程没办法进行很好的监督和控制。

而由内部培训师对员工进行培训，人力资源部则可以在培训前监督审核培训师授课内容的开发情况，培训过程中维持纪律，及时协调讲师与学员的沟通，培训结束后可及时对讲师的授课效果及学员的学习效果进行评估总结，为下一次的培训提供经验和教训。对布置的课后作业，人力资源部也能很好地进行监督和指导。帮助大家将课堂所学内容有效地转化为日常的工作习惯。

三、为问题而生

内部的培训一定是为了解决观念上、绩效上及行为上的差异而举办的，"无问题不培训"，我们在做课程开发和培训之前，先要找到组织要求与学员之间的差距，方可开展下一步的工作。

（一）解决"知道"的问题

内部讲师是在人力资源部或企业大学领导之下开展工作的一名专职或兼职讲师。员工需要掌握哪些知识？主要包括行业知识、合规知识、法律知识、产品知识、战略管理知识、人力资源知识、财务管理知识、成本管理知识、生产管理知识、安全管理知识、设备管理知识、工艺知识、品质管理知识、供应链知识、市场营销知识、研发知识、信息系统知识、档案管理知识、合同管理知识、项目管理知识，法律知识等，但每个企业侧重需要学员掌握的知识不一样，可以有选择性地对学员进行考查。

知识培训的主要任务是进行知识更新，它不仅能使员工具备完成本职工作所需的基本知识，还能让员工了解组织运营的基本情况。知识培训是组织培训中比较基本的，也是量比较大、难度比较低的培训。知识培训是员工持续提高和发展的基础，只有具备一定的基础及专业知识，才能为专业领域的发展提供坚实的支撑。

知识类的培训现在一般情况下不采用面授的形式，而是采用资讯、手册、微课等活泼生动的形式。知识的培训有短小精悍、难度小、见效快、容易获取、容易掌握和传播的特点。

（二）解决"做到"的问题

20世纪60年代，美国哈佛大学教授麦克利兰首先提出"能力素质"的概念，以帮助组织寻找那些与员工个人能力相关的，并能够协助企业提高绩效的因素。他发现，能力素质是持久达成岗位绩效的最好判断因子。

著名的心理学家史考特·派瑞于1998年提出了关于能力素质的定义，他认为，能力素质主要包含以下四个方面的含义：

- 能力素质是知识、能力及职业素养的整合；
- 这些因素的整合引出的是可观察的和可测量的行为；
- 能力素质与绩效有直接的关联；
- 能力素质可以通过培训等手段提高。

知识只有转化为技能，才能真正产生价值。员工的工作技能，是企业产生效益、获得发展的根本源泉，因而技能培训也是企业培训中的重要环节。能力有很多种，我们在做课程开发和授课的时候，需要考虑教学需要达到什么样的目标、如何去检测这些目标是否实现、检测方法是什么，等等。

（三）解决"做好"的问题

员工具备了扎实的理论知识和过硬的专业技能，还必须有正确的价值观、积极的工作态度和良好的思维习惯。因此，态度培训是企业必须持续进行的。通过态度培训，企业可以建立起与员工之间的信任，培养员工正确的意识和态度。

 案例透视：消失的桌面水杯

国内某知名银行在其员工管理办法中规定，所有员工在上班期间，不能直接将水杯放在办公桌上，不能在茶水间吃东西。这条管理规定在初期试行的过程中遇到的阻力非常大，员工表示不理解。

于是人力资源部组织员工进行分批次的培训，帮助大家理解为什么要这样做。比如，不让大家在办公桌上放水杯是防止水洒在受理单上，导致客户确认信息被水浸润后模糊不清，从而引起纠纷，不利于风险控制。不让大家上班期间在茶水间吃东西，是因为作为国内知名银行，经常会有客户往来办公区域交流，而员工在茶水间吃东西，可能会给客户造成银行对员工管控不严的不良印象。经过培训后，大家对该做法表示理解和认可，在后期施行的过程中，难度降低了很多。员工对于这件事的看法由抵触转变为自觉遵守，最后改为支持。这类培训就属于态度类培训，它改变的是人们对于某件事情的看法，最终形成行为上的变化。

四、引领潮流

（一）战略落地

战略一旦制定，就需要快速战略解码，明确各自职责，之后就需要对组织能力的要求进行剖析，找出新战略需要具备的组织架构以及人、财、物。当这些条件具备之后，我们就需要思考新的管理流程应当如何组织并运营了。

战略重点解决三方面的问题，即"我们是谁、我们要到哪里去、如何去"。内训师主要解决的就是"如何去"的问题，在"去的"过程中保驾护航，使这一过程更加高效和便捷。在战略解码方面，内训师起到良好传承作用的典型企业有中国移动、华润、用友等。

（二）新标发布

新的组织架构、新的运营流程、新的业务领域、新的产品知识以及新的管理手段，都需要我们内训师来传播，如何传播则取决于内容的难度、重要性及开发的周期。作为内训师，必须在第一时间内将新的东西传播到位，做到"润物细无声"，在传播的过程中需要培训经理统筹安排，做到全覆盖、无死角。

 案例透视：培训学院秒变业务部门的"知心爱人"

中国移动通信集团某公司的市场部和培训学院在 2014 年以前配合不够密切，导致新产品的发布先行、培训在后，从而出现新产品发布之后，客户的各种疑问蜂拥而至，市场部的一线营销人员整天忙于解释、疲惫不堪的情况。2015 年，该公司实现了新的变革，培训学院转型做业务部门的支撑。新业务上线前，培训学院开始介入，参与产品的设计与宣传。在产品上线前一周，由内训师团队对产品进行解读并加工，通过线上线下两条渠道对员工进行覆盖。线上部分主要做产品的解读与 FAQ，采用轻松、幽默的方式帮助大家进行有效解读；线下侧重于训练产品销售的话术，一旦市场部推出新的业务，一周内就能对全省 4 万名员工进行全覆盖。例如，在流量经营推出后，"流量营销的道与术"项目通过线上覆盖、线下培训、营业厅实战演练的方式对相关人员进行了培训。

（三）攻克难关

内训师还有一个职责就是分析与解决日常工作中出现的问题，当我们发现组织内部出现一些非管理类的痛点时，可以采用行动学习，或"世界咖啡"的形式来集思广益，群策群力地去解决它们，树立标杆，推而广之。

（四）优秀内训师具备的特征

- 能讲一门课程，且该课程拥有良好的课程结构。
- 行之有效的课程内容。
- 恰如其分的教学策略。
- 解释培训课程目标与学员之间的关系。
- 引进一些新观点，展现热情，激发兴趣。
- 会用白板和可视化设备。
- 鼓励学员积极学习，并为其提供材料。
- 善于运用案例。
- 能够将课程的各部分内容有机结合起来。
- 鼓励学员提出问题、参与课堂讨论，对学员的提问给予清晰全面的回答。
- 鼓励学员之间分享知识和经验。
- 保持课堂的自由氛围。
- 能帮助学员解决实际的工作问题，提升绩效。
- 帮助学员养成良好的思维习惯和工作习惯。

 思考练习：回想一下你参加过的课程给你留下的印象是什么

内部 / 外部	课程名称	有用知识点	有待改善	判断依据

第五节 知识网红——"永动机"的锻造

内训师是组织内部的"星星之火",一旦加入"燎原队伍",就需要全面地去升级知识,让学员看到我们知识的宽度,进一步提升知识储备。

一、角色变迁

讲师从"知识的搬运工"跃升为"战略的推动者",需要与培训经理、专业部门、学员,甚至外部客户、咨询顾问进行有效联动,从事的是集编、导、演三位于一体的工作。对内部讲师的"编、导、演"可以理解为"编:课程开发,导:课程掌控,演:课程演绎"。

表2-3 四位一体的内训师角色定位

角　色	主要定位
讲师	进行授课,传道授业解惑。
资源开发师	对课程、案例、电子课件、海报、内部知识文档进行开发。
建导师	主要做行动催化,视觉引导,主持"世界咖啡"等。
学习顾问	需求诊断,学习项目设计,绩效辅导,教练及培训评估。

二、平台可将讲师塑造为知识网红

互联网时代,平台给了内训师更多的手段和机会在学员面前"露脸",缩短了与学员之间的距离,拉近了彼此之间的关系。

作为内训师,也需要重新对自己进行定位。内训师就是新时代的知识网红,应将自己的知识、观点和一些独到的做法提炼出来并高度浓缩,帮助别人更多地提升绩效,打造个人的独特名片,而不再单单是一个讲师,还是企业内部的网红，走到哪里都有粉丝。

表 2-4　内训师的特征

定　位	特　征
线下	优势： 对学员进行一对一的知识答疑和解惑，并且可以进行小组深度讨论，现场输出成果。 不足： 不能进行内容回顾，一些互动活动需要过多的时间铺垫。
线上	优势： 一对多。能一对多地进行知识点讲授，学员一旦有不明白的地方，可以对关键知识点进行有效回顾。 在线考。对知识进行检测，判断掌握水平。 不足： 学员可以潜水和挂机，不能很好地掌握每个学员的学习进度。
线上 + 线下	可以从知识导入到现场答疑，再到后期的跟踪，对知识的输入、输出及"售后"进行追踪，帮助学员很好地将所学转化为所用。

三、知识网红的四大特征

（一）IP 化

能很好地对自己进行定位，区别于其他老师，而不是千篇一律的，"我是你们的 ×× 老师"，需要有旗帜鲜明的称谓和介绍。例如：大家可以叫我 ××，我是专注西洋参研究的老师，大家可以叫我西洋参老师（我专注西洋参研究20 年，对其采摘及加工流程和营养价值了如指掌）。

（二）专业化

作为知识网红，除了称谓与众不同以外，还需要有过硬的专业知识。要想在一个领域让人信服，只有专业度够高，大家才愿意信服你的观点、

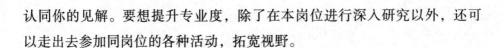

认同你的见解。要想提升专业度，除了在本岗位进行深入研究以外，还可以走出去参加同岗位的各种活动，拓宽视野。

（三）善提炼

作为一名讲师，除了要"能言善辩"之外，还要能够对自己的工作岗位经验进行有效提炼和萃取，进行结构化表达，能深入浅出地对其原理、方法和操作流程进行讲解，做到"隐性知识显性化，显性知识结构化，结构知识形象化"。

（四）善分享

有了好的教学材料，还需要对教学活动进行设计，帮助学员快速理解你的想法及你想要表达、传递的信息。你需要从成人学习的特点出发进行分析，学习多种形式的表达，进行快速的传递和沉淀。

四、输入与输出

在传授学员知识的同时，如何确保内训师的知识是领先的？讲师只有不断输入新的知识，才能向学员传递新的知识。只有把自己打造为"永动机"的"引擎"，才能带动好机器前行。当然，有些理论认为内训师也可以只抛出问题，不给答案，启发学员去思考。事实上，抛问题的环节也是输入，一旦提问不当就会导致学员不知所措。

讲师需要做的是帮助学员提升他们的知识、技能和态度。而学员需要对原有知识体系进行二次建构，以获得新的学习体验，将新的知识和技能在日常工作之中进行运用。

五、专业知识

专业知识大多来自工作岗位本身，这里从过往、现在和未来三个维度进行提炼。过往的专业知识需要查阅公司的规章、制度及相关政策，也可以从岗位专家处提取一些典范做法，如果内部有知识管理系统或办公管理系统，那么我们查阅相关的知识就能事半功倍；现在和未来的岗位知识与行业关联度比较高，需要定期关注行业的最新动态，比如移动通信行业在 2013 年关注 3G，2014 年以后关注 4G，2017 年以后就会关注 5G 乃至 6G。每个行业的发展趋势，如果超出本行业，即属于新的行业的范畴，就已经不属于岗位知识的范畴，而属于商业模式的范畴了。

六、通用知识

（一）书籍

作为一名内训师，我们需要广博的视野来帮助自己进行更好的教学和观点阐述。相关书籍能帮助我们树立正确的世界观，训练我们的逻辑思维，多维度提升我们对人的认知及对事物的评判。以下表格为作者对内训师知识扩充开列的书单。

表 2-5　内训师经典必读

类　别	书　名
世界观	《道德箴言录》
	《江湖外史》
方法论	《策略思维》
	《硬球：政治是这样玩的》
	《FBI 教你识破身体语言》
认知心理学	《认知心理学》
组织行为学	《组织行为学》
逻辑学	《金字塔原理》
	《思维导图》

续表

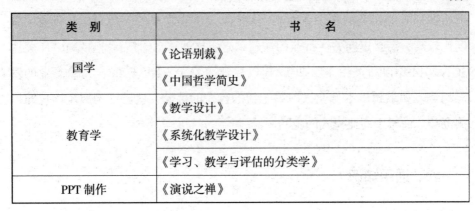

类　别	书　名
国学	《论语别裁》
	《中国哲学简史》
教育学	《教学设计》
	《系统化教学设计》
	《学习、教学与评估的分类学》
PPT 制作	《演说之禅》

（二）报纸

这里推荐四个比较出名的报纸给大家，从经济的角度来审视世界，帮助大家训练经营意识，从日常的经济生活中萃取管理之道。

- 《经济观察报》
- 《21 世纪经济报道》
- 《中国经营报》
- 《第一财经日报》

（三）通用案例网站

为了避免在日常教学中运用的通用案例过时，我们建议大家从专业的案例库里面进行案例摘录和加工，主要推荐以下四个网站。

- 中国企业家网 http://www.iceo.com.cn
- 环球企业家网 http://www.gemag.com.cn
- 麦肯锡季刊网 http://www.mckinsey.com.cn/category/insights/mckinsey-season-publication/
- 财富中文网 http://www.fortunechina.com

第六节　个人IP——品牌价值外显

一、品牌的定义

广义的"品牌"是指具有经济价值的无形资产，人们用抽象化的、特有的、能识别的概念来表现其差异性，使其在意识当中占据一定位置。品牌建设具有长期性的特点。

狭义的"品牌"是一种"标准"或"规则"，是通过对理念、行为、视觉、听觉进行标准化、规则化，使之具备特有性、价值性、长期性、认知性的一种识别系统的总称，这套系统也被称为CIS（Corporate Identity System）体系。

品牌是给拥有者带来溢价、产生增值的一种无形的资产，它的载体是具有高度识别性的名称、术语、象征、记号、设计及其组合，增值的源泉是在消费者心中形成的、关于其载体的印象。品牌承载的，更多的是消费者对其产品以及服务的认可，是品牌与消费者购买行为间相互磨合的产物。

那么，业务专家是否也可以塑造属于自己的品牌呢？当然是可以的。

二、知识品牌塑造四部曲

（一）理论提炼

作为业务专家，我们需要不断总结规律，将发现的最佳实践进行有效萃取、总结成一套理论。这套理论要做到：放在工作流程上是最佳，放在场景里面也是最佳，让人一看就能快速掌握要诀。

（二）体系形成

碎片化的知识难以形成体系，更难形成个性化的标签。我们需要将日常的理论高度结构化，使之形成体系。这个体系可大可小，但需要具有完整性、可塑性和科学性，能禁得起现实的检验。

（三）知识保护

理论体系形成后，我们可以更进一步，申请知识产权保护。知识产权本质上是一种无形产权，其客体是智力成果或知识产品，是创造性的智力劳动所创造的劳动成果。它与房屋、汽车等有形财产一样，都受到国家法律的保护，都具有价值和使用价值，甚至高于有形财产。

当今，知识产权的申请也比较便利，并不复杂，我们既可以寻找专业的代理机构，也可以自行申请知识产权保护。

（四）外显展示

当知识产权得到保护，我们的下一步就是要将这些知识外显——既可以形成出版物，也可以形成内部刊物或是培训课程、案例。我们不但要将这些知识外显，还要多维度地外显，这样才能彰显它们的价值。

1. 纳入管理

很多知识产品都源自现实的管理活动，但多数情况下，提炼后又仅仅停留在知识和技能的层面。组织应将这些知识纳入日常的管理中，对现有的流程和制度进行配套优化，让知识与管理配套，而非各行其道。

2. 服务伙伴

萃取出来的知识产品可以服务组织的合作伙伴，不论是供应商，还是下游企业，甚至是集团内部的分子公司。此外，它们还可以反哺组织的科研机构或招聘单位，让组织的知识体系得到价值最大化，并形成共同的管理理念和管理语言。

3. 多维宣传

对外，组织可以宣传这些知识产品和知识专利，形成差异化竞争的优势所在；对内，可以让组织的员工形成良好的知识自信，与此同时也能增强知识贡献者的自豪感，提升其为组织做贡献的荣誉感。

三、个人品牌塑造

个人品牌是指由个人拥有的外在形象和内在涵养所传递的独特、鲜明、确定、易被感知的信息集合体，具有整体性、长期性、稳定性。

不论是社会人还是组织里的员工，凡是对知识管理做出了贡献，都值得被尊重。知识品牌是专注力量的最佳表现形式，是经过大量的实践后得到的社会认可，而个人品牌价值外显的最好形式就是知识品牌。

（一）塑造品牌个性

很多人都喜欢看电影，电影是一个个故事，但最让人难忘的是故事里每个主角鲜明的个性。知识品牌也需要有鲜明的个性，需要表现的是"酸"、是"甜"、是"苦"，还是"辣"，我们都需要考虑清楚。塑造个性的前提是要清楚地定义你与他人的不同。我们来看一个例子，就能很清楚地发现塑造个性的优势。

表2-6 塑造个性的表达法

序 号	内 容
1	我叫小明，我是做市场营销的，做了13年的市场工作。
2	我叫小明，因为我喜欢吃煲仔饭，大家都叫我煲仔明。我有13年的市场工作经验，在我带领团队期间，创造了"三明治"营销模式，并在今年获得了"全国优秀杰出青年"的称号。

（二）形成品牌标签

公司与公司的不同除了体现在内部，也体现在外部名称、标签等上。当提到中国移动时，大家首先想到的是"这是一家做通信的公司"，公司很大、属于世界500强、研发投入较大、做了很多的社会贡献；其次才会想到这家公司与其他运营商的区别，如公司的名称、商标，以及每个运营商各自的代表产品。

个人知识品牌也是如此，我们也要为自己"贴标签"，只有这样，方可完成自我的差异化，方便我们的内外部客户对我们进行快速"检索"，以使自己能在某一个细分领域有与众不同的一面。

（三）打造专属符号

我们也可以为自己打造一个专属符号，这个符号可以是实体符号，也可以是虚拟符号。实体的，如品牌和品牌标志，这样便于大家快速进行识别和"区格"。我们建议组织寻求专业的广告公司或品牌公司进行品牌设计，这样会使组织品牌更加个性化、更能体现出品牌价值。

（四）强化品牌形象

确定了品牌之后，我们就需要不断强化品牌，使之在大家的脑海中形成深刻的印象，进而形成知识品牌与个人品牌的叠加效应。比如，提起儒家人们就会想起孔子，提起道家人们就会想起老子，提起历史人们就会想到司马迁。

1. 名片

我们可以在自己的名片上写上自己擅长的领域，这样可以让更多的人了解我们的优势所在，以便有更多机会接触到相关的专业人士，融入专业领域中。

2. 自我介绍

在做自我介绍的时候，一定要让我们的"标签""亮相"，打出个人品牌，让陌生人快速了解我们的优势，也可以加深已经认识的人对我们的独特印象。

3. 参加培训

与学员多找机会接触，实现教学相长，在教学过程中不断丰富自己、完善我们的理论体系。

4. 参加会议

积极参加行业会议，甚至一些跨部门、跨行业的会议，提升我们的阅历，从他人身上学习更加丰富的知识，在原有的基础之上继续创新。

5. 积极跨界

参加由单位组织的各种跨界活动，学习"大咖"们在管理和业务上的心得，并与大家分享管理心得、虚心请教，从而获得更广的人脉，进一步推广我们的理论体系。

6. 平台协作

注册一个属于自己的公众号，定期分享一些心得，以便形成价值认同，收获属于自己的粉丝。当然，也可以在一些大型的社交平台、学习 APP、小程序上采用类似的方法分享自己的知识和观点，与粉丝进行有效互动，进而沉淀知识，当知识量积累到一定程度的时候，就会产生二次裂变。

中 篇

课程开发
——点"事"成金，萃取最佳实践

第三章

烈火真金　综合分析

 **学习思考**

- 如何确保培训的需求就是学员的需求？

- 这些问题是否一定要通过培训解决？有其他方法吗？

- 谁是专家？专家的哪些经验值得我们学习和借鉴？

- 谁是问题员工？他们身上有哪些是我们需要摒弃的？

- 如何进行调研？调研的主要问题是什么？

- 如何进行选题？哪些选题才是符合课程开发要求的？

- 问题的典型场景是什么？如何去解决？

第一节　看可行性——为什么要开发

一、课程开发的理由

（一）复制成功

课程开发是对内部知识、经验的灵活运用。将组织过往的经验进行萃取、提炼，形成独特的"套路"，帮助新员工快速掌握流程和知识点，帮助老员工查漏补缺、提升个人绩效，对于个人和组织而言都是不可或缺的。

（二）避免失败

课程开发未必一定全是成功经验的累积，也有可能是对过往失败经验的总结，避免重蹈覆辙，从另外一个角度进行组织绩效提升。

二、需求分析的逻辑

行为差距导致绩效差距。要找到这些差距，我们首先要厘清需求分析的逻辑。我们需要通过调研进行信息收集，对信息进行整理分析，包括学员分析和任务分析，得出分析的启示，然后再输出课程目标、课程内容及教学策略。

表 3-1　需求分析逻辑

绩效差距	行为差距	培训需求
• 绩效不达标 • 绩效达标，但还需要向更高的标准迈进	• 已有知识、能力和态度及能力模型要求之间的差距导致员工行为与标准做法的差距	• 要学哪些内容 • 正确的工作方法 • 需要的态度 / 知识 / 技能 • 输出培训内容清单
有距离	有差异	有空间

三、培训需求分析的维度

培训主题的 ESVM 入选法：培训主题的有效确定能保证开发出来的课程得到专业部门的认可，可以从以下四个维度去判定。

表 3-2　课程开发四维判定法

类　别	说　　　明
有专家 Experts	内部专家或外部专家，确保有人员可以进行开发。
有学员 Students	确保开发后有学习对象。
有价值 Valuable	解决实际问题，能让组织更加规范和高效。
有意义 Meaningful	属于培训的解决范畴（知识、技能、态度）。

- 年龄、学历、职位、资历、绩效等。
- 学员数量。
- 同领域经验。
- 主动学习还是被动学习。
- 性格特点。
- 与授课讲师的关系。

四、需求分析的步骤

- 谁需要培训？
- 为什么要培训？
- 培训什么？
- 培训的广度与深度。

五、培训需求调研

（一）10 类调研对象

调研对象从项目管理的角度来看就是干系人，谁有数据，我们就找谁调研。我们建议从内外两个角度来做调研。有些课程开发是不涉及外部对象的，可以忽略。

表 3-3　调研对象与目标分析

内　部	目　的	外　部	目　的
发起人	引起需求的现象，了解为什么想要做课程开发。	标杆企业	掌握先进的管理模式，对标其管理策略和管理手段。
管理层	了解公司的战略、部门的指标，以及对员工的要求。	客户	掌握客户对组织的服务、产品和品牌价值的判定，以及对当前开发主题之间的关联。
岗位专家	最佳做法和低绩效做法之间的差异和表现。	供应商	判断组织给外界合作伙伴的感知，找出优劣。
高绩效代表	萃取典型的工作思路、做法、高效的工具和策略。	分销商	找出与合作伙伴合作过程中，伙伴给予我们的评价，诸如：政策解读、渠道激励、产品宣传、串货管控、晋级合理性等。
低绩效代表	探寻日常工作的原始想法，开展工作的流程与步骤，并找出其绩效差的核心原因。	其他合作伙伴	合作伙伴对于我们的评价，他们心目中我们的优势与不足。

（二）调研内容

表 3-4　调研的四大维度

类　别	描　述
任务 Task	目标学员在相关主题方面的典型工作任务、流程或场景是什么？
挑战 Challenge	目标学员在相关主题方面面临的环境变化、未来挑战是什么？

类　别	描　　述
差距 Disparity	目标学员在相关主题方面，哪些地方需要改善？能力短板在哪儿？
期望 Expect	目标学员要想取得成功的关键因素（知识、能力或素质）是什么？领导的期望是什么？

（三）六大调研方法

1. 观察法

到员工的工作场地进行实地观察，或者调取现场工作场景的相关视频，做对应的工作任务分析。但如果学员发现有人在观察自己的工作，可能就会出现"伪装"现象，导致获取的数据不够真实。

2. 问卷调查法

问卷调查法比较流行，有很多的调研工具可以实现。一般情况下，问卷调查的问题不要超过 12 个，对层级不是很高的员工比较适用，单个目标对象的填写时长尽量不要超过半个小时，问题宜以选择为主，可以融入少量的开放式问题。

3. 访谈法

访谈法是外部咨询机构使用最多的方法，这种方法对访谈者的访谈技巧要求比较高。访谈要让被访谈人员明确访谈的目的和目标，并营造良好的谈话氛围，让其感受到温暖和亲切，消除隔阂、敞开心扉。访谈人员需要做的准备工作也比较多，需要提前告知被访谈人员访谈目标、时间和地点，以及主要访谈的内容及准备的材料等。

（1）访谈准备

在开始访谈之前，我们需要从数据、流程、工具、提纲、时间等方面进行准备，防止因为准备不当不能达到预约访谈的目的。

表 3-5　访谈准备流程

类　别	说　　明
数据	查看工作的相关结果、过程数据，以便于在现场进行有针对性的提问。
流程	查看被访谈对象的典型工作流程。
工具	准备好电脑、纸、笔、脑图软件、手机（或录音笔）、投影、白板等。
提纲	列出需要提问的问题，审核其逻辑。
时间	计算好整个访谈的时间。

（2）预约访谈

预约访谈是准备阶段，要告知被访谈人一些基本信息，让其做好充分的思想准备。

表 3-6　访谈预约三要素

类　别	注意事项
基本信息	告知其访谈的时间、地点、出席人、着装要求。
思想准备	对自己的工作进行总结和回顾，找出成功 / 失败之处。
素材准备	一些日常开展工作的工具、照片等。

需要注意的是，一些企业在上班期间对着装有要求，部分被访谈人员会误以为访谈时不用着正装，导致着装比较随意。建议大家在访谈时也告知被访谈人员着装要求。与此同时，我们在访谈前也需要准备一套正装，以便引起学员的重视。

（3）告知内容

告知访谈的目标和访谈的内容，让被访谈人能清楚我们访谈的目标，也能做好素材准备，避免访谈时因准备不充分，而不能有效获取必要的信息或数据。

表 3-7 预约访谈告知

类　别	注意事项
访谈目标	为什么找他访谈，访谈希望达到的目标。
访谈内容	具体会谈到什么内容。

（4）访谈成功需要具备的五大关键

一个成功的访谈除了事前的准备之外，还需要在现场建立融洽的访谈氛围，能主导访谈内容，防止"过热"或"过冷"。

表 3-8 成功访谈的五大关键

类　别	注意事项
谈话氛围	建立良好的谈话氛围，让其感觉轻松。
主导场面	主导场面并进行有效引导，不要离题太远，一旦发现与主题无关的话题，需要快速回归主题。
问题设计	设计合理、精准，不啰唆，前后呼应。
启发引导	多问开放式问题，不要帮人下结论。
反复确认	不明确的信息需要和被访谈人员进行确认。

（5）访谈的三个注意事项

访谈人员需要学一些机构化访谈的技巧，在访谈的过程中需要正确运用访谈方法，做到"三避免"，这样才能避免进入自我设的"局"。

表 3-9 行为事件访谈"三避免"

事　项	正确问法	错误问法
避免使用假设性问题	您当时都做了什么？	假如您当时那样做，是不是更好？
避免使用未来化的问题	当时遇到这个问题，您是怎么解决的？	以后遇到这个问题，您会怎么解决？
避免使用引导型问题	您当时使用××了吗？	您当时使用了什么工具？

（6）实施步骤

第一步：寒暄暖场。先自我介绍，再寒暄，再告知访谈目的。座次尽量呈L形，防止被访谈对象紧张或引起戒备心理，营造良好的访谈氛围。

第二步：保密承诺。需要告知被访谈对象，本次谈话内容只做案例萃取用，且报告成品会先给被访谈对象本人确认，确认后发布，不会损害其利益。

第三步：正式访谈。

● 公司高管

公司高管访谈一般侧重公司的战略、运营和管理，以及当前他们对被培养对象的期望。

表 3-10　高管访谈策略

类　　别	话　　术
需求背景	公司未来两至三年的战略目标是什么，用五个关键词来概括？ 从高管到基层，大家都是如何理解公司战略的？ 有什么机制能确保大家都按照我们的目标行动？ 当前公司战略目标的达成情况怎么样？ 为什么要想到给这些学员做培训？ 为什么是想现在培训，而不是过去和将来？
目标与价值	这个培训为公司的战略落地带来哪些价值和意义？ 如何衡量培训的成功？你希望看到什么、听到什么、感受到什么？
工作准备	需要收集哪些方面的信息？会涉及哪些关键部门或关键人物？ 在这个问题上，哪些部门是支撑部门、哪些是决策部门、他们平日是如何协作的？
可行性评估	这个问题是偏制度、流程、知识、技能，还是态度多一些？ 除了培训之外，还有其他的解决办法吗？

● 学员上级

学员上级属于对学员的绩效的考核者，对学员最熟悉，对目标学员的能力项也比较清楚，他们通常能一针见血地指出学员当前能力上存在的差距。

表 3-11　学员上级访谈策略

目　的	话　术	注意事项
能力判断	您觉得目前 ×× 最需要提升的是哪方面的能力或知识？	评估可行性。
培训背景	能说说原因是什么吗？	可以找学员做针对性的访谈。
抽样调查	您觉得他们达到什么水平就符合要求？ 目前有哪些同事达到这样的水平？有什么数据可以参考吗？ 目前哪些同事不具备这样的水平？主要表现有哪些？	——
需求确认	除了这些能力之外，你觉得还有哪些能力需要提升？	防止遗漏。

- 人力资源部门

人力资源部门通常是培训项目的发起部门，当然也有可能是协办部门，这取决于培训的规划及人力资源部门与专业部门之间的分工。我们在找人力资源部门访谈的时候希望获取的是一些过往的培训数据及对培训效果的预期，从"选用育留"上听取专业意见。

表 3-12　人力资源部门访谈策略

目　的	问题概要	问题清单
课程背景	课程起源	是什么原因激发了这个需求？
课程需求	实现的目标	通过这次培训想实现什么样的目标呢？
	解决的问题	在培训计划实施的过程中有哪些问题需要解决？可以举例吗？
	HR 与业务关联	这些困惑是否与一些业务问题相关？是什么？还有其他补充吗？ 这些问题在业务上的具体表现是什么？可以举例说明。
	能力点	希望通过此次培训项目提升学员的哪些能力？实现哪些意识或思维的转变？

续表

目　的	问题概要	问题清单
	评估目标	如何评估这次想要实现的目标？ 如果项目达成目标，希望看到的具体成果有哪些？ 会用怎样的方式进行评估？
	界定成果	界定一下，我们所认同的成果是什么？（确认）是……吗？
	学习形式	对这次培训的形式有什么样的要求？ 组织集中面授是否有难度？ 是否尝试过在线的形式？ 对课程的形式有什么样的设想？ 比较关注的环节有哪些？
	预计实施时间	这次培训，准备安排在什么时候实施呢？ 实施周期多久？
	对培训师的要求	对讲师有什么要求？比如：年龄、从业经验、绩效、学历等。

● 技术专家

技术专家在内部具有很高的权威，通常情况下比别人的从业年限长、效率比别人高、绩效比一般员工好，他们身上有很多的闪光点。与此同时，他们也是攻艰克难的能手，在做专家访谈的时候，我们必须竭尽所能对他们身上的闪光点、思想观念和行为准则进行深挖，将他们经历的一些典型案例整理成教学案例的素材。

表3-13　技术专家访谈策略

目的	话　术	注意事项
敞开心扉	感谢您抽空参加这次访谈，我是……我们这次访谈主要是……估计需要花费您……时间。您放心，您的访谈记录我们会整理出来，让您确认，我们会对您个人的信息进行有效保密。这是我的名片，以后有问题还要向您多多请教。	尽量不要面对面地安排座位，座位尽量呈90度的L形，方便访谈和现场确认。

目的	话 术	注意事项
工作了解	能简单描述下您的工作吗？ 做这项工作一般都有哪些步骤？ 这些工作任务中，哪些是最重要、经常做、难度大、和绩效关联度高的？ 您做这项工作多少年了？ 您从事这项工作的心得是什么？	——
技术抽离	工作中您经常会碰到什么挑战？您是怎么做的？用到了什么工具？能具体说说吗？ 根据您的观察，绩效差的员工可能是在什么地方出了问题？您为什么会这样认为呢？ 能举一些实际的例子吗？除了以上之外，还有吗？	如果有一些工具和方法是自己没接触过的，尽量让专家现场展示，并让其解释原理和用法。
访谈确认	想和您确认下，您刚才谈到的……最重要的是以下几个观点，是吗？ 请问这些经验哪些可以放到培训中？	——
表示致谢	非常感谢您为我们提供的大量有价值的信息，这可以帮助很多同事提高工作效率，同事们一定会感谢您。	——

● 学员

学员是培训的直接受益者，做访谈时务必引起高度重视，对学员当前遇到的难点进行认证记录，帮其梳理存在的知识、能力、态度差距，弄清他们对培训的期望。

表3-14　学员访谈策略

目的	话 术	注意事项
工作了解	能简单描述下您的工作吗？ 您做这项工作一般都有哪些步骤？ 这些工作任务中，哪些是最重要、经常做、难度大、和绩效关联度高的？ 您做这项工作多少年了？ 您从事这项工作的心得是什么？	和专家的说法进行验证。

续表

目的	话　术	注意事项
需求挖掘	您觉得在目前的工作中，最有挑战 / 最困难的是哪方面？ 能举一个例子具体说明一下吗？ 要解决这个困难或挑战，您觉得最重要的支持是什么？ 您觉得阻止您提升这项能力的最大阻力或障碍是什么？ 当您遇到阻碍后，您有通过什么途径寻找帮助吗？结果怎样？ 您觉得谁在解决这个问题上做得很出色？您觉得他们值得我们学习的地方有哪些？	提取难点与场景。
需求确认	开展这项工作，您希望得到什么样的培训？ 为什么会想要这些培训，而不是其他的培训？ 如果提供这样的培训，您会积极参与吗？ 您对这项培训有什么具体的期望？ 对于提升这方面的能力，您还需要哪些帮助？ 您觉得哪些问题是培训可以解决的，哪些是培训不能解决的，为什么？	进行评估。
表示致谢	感谢您为我们培训课程设计提供的大量有价值的信息，我们会对您的个人信息进行有效保密，且本次访谈不会与任何晋升、考核挂钩。后期我们如果还有什么疑问会及时向您请教，再次对您抽出宝贵时间参加访谈表示感谢。	——

4. 小组讨论法

主要采用头脑风暴的方式，对当前主要存在的一些问题进行归类，找出可能的原因，梳理出最终想要改善的目标。小组讨论法对主持人的要求会比较高，这取决于小组成员的选择以及氛围的营造是否有利于进行小组研讨。

5. 标杆对比法

可以通过内外部的标杆对比，找出在理念、管理策略、技巧及工具方面的差异，进而找出哪些属于制度和流程，哪些属于管理，哪些属于知识、技能和态度。

6.专家诊断法

找出组织里负责该业务模块的顶级专家，分析问题的原因，从"难度、重要性、频次和绩效管理"四个维度出发，找出最佳做法，输出最佳实践。可以通过四有最佳做法进行查找，让这些关键无所遁形。

表 3-15　四有最佳做法

类　别	目　　的
有流程	有完整的工作流程，能让学员很清晰地知道问题的症结。
有口诀	能让学员快速记住想要传达的要点。
有高招	有理论、有依据、有工具和方法及策略，以及当时的思考线索，让学员权衡利弊。
有成败	正反案例的对比，能使学习者更容易理解实操流程。

思考练习：尝试对你想开发的课题，对所在单位或者部门的专家做一次访谈

步　骤	话　　术
1.寒暄	
2.了解工作内容	
3.了解工作流程及诀窍	
4.信息确认	
5.感谢	

第二节　聚焦场景——解决什么问题

一、需求的来源

（一）来自员工的抱怨

员工抱怨是指公司或企业员工内心感到的委屈、受伤、不平衡的情绪。抱怨是一种正常的心理情绪，当员工认为他受到了不公正的待遇，就会产生抱怨情绪，这种情绪有助于缓解心中的不快。员工通常会抱怨氛围不好、管理难度大、薪酬不尽如人意、工作环境不好、指标难以达成等。

（二）来自客户的抱怨

客户的抱怨一般是顾客对产品或服务的不满和责难。顾客的抱怨行为是由对产品或服务的不满意而引起的，所以抱怨行为是不满意的具体的行为反应。顾客对服务或产品的抱怨意味着经营者提供的产品或服务没达到他的期望、没满足他的需求。另外，也表示顾客仍旧对经营者抱有期待，希望经营者能改善服务水平。其目的是挽回经济上的损失，恢复自我形象。顾客抱怨可分为私人行为和公开行为。私人行为包括回避重新购买或不再购买该品牌、不再光顾该商店、说该品牌或该商店的坏话等；公开的行为包括向商店或制造企业、政府有关机构投诉、要求赔偿，甚至在公众平台上大肆宣传，会对企业造成一定负面影响。当遇到客户抱怨的时候，企业要正视，因为这或许是改善服务、提升水平的大好时机。

（三）工作质量低下

工作质量是指与质量有关的各项工作。对一个企业来说，就是企业的管理工作、技术工作对产品质量、服务质量和企业经济效益的保证程度。工作质量涉及各个部门、各个岗位工作的有效性，它们同时决定着产品质量和服务质量。然而，它又取决于人的素质，包括工作人员的服务意识、责任心、业务水平，最终可能会反应在响应速度、服务品质或产品上。

（四）经常性的失误

每个组织对于失误的定义不太一样，但一般情况下，超过了准确率或差错率的10%，就基本上可以判定为经常性失误。经常性失误也可以理解为人为性失误。

经常性失误的主要原因有：

- 人连续工作的时间有限，时间过长就会导致精力不足。
- 人在一定的条件下，不能同时做两件事，否则容易出错。
- 人的大脑天然试图回避高度集中的思考，习惯于以熟知的方法开展工作。
- 人的行为不可能准确无误地重复，每一次重复都有出现错误的风险。

组织里面需要规避的经常性失误，主要有操作流程不清楚、落实不到位、操作步骤缺失，以及质检制度落实不到位等。

（五）超出现有技能的项目

当组织需要去开拓新的市场或实施新的管理模式的时候，就需要采用新的组织机构及新的运作流程，这时候发现部分能力不具备，就需要做能力提升，或引进新的人员。

（六）员工的大量换血

在一些竞争比较激烈的行业中，员工的流动率在30%左右。这时候，新员工需要快速胜任工作，我们就需要从愿景、价值观、使命，以及员工的通用技能和专业知识等方面对员工进行全面的培养。

（七）员工矛盾和利益冲突

员工的矛盾有很多种，有些是为了组织利益，有些是为了个人利益，大部分情况下是为了组织利益。当组织利益出现冲突的时候，人力资源部门就应该主动进行干预，让大家认清冲突的本质，以及在不同情况下应对冲突的策略。

（八）新事物

1. 新政策

需要时刻了解最新的国家、地方出台的对企业的新的监管办法或标准，以便于紧跟市场，防止因为对政策的不了解给企业或客户带来损失。例如，金融业和保险业要随时了解最新合规审查的变化，第一时间执行最新的政策标准。

2. 新设备

当我们引进一套新设备后，就意味着开启了新的工艺，这就需要大家严格执行新的工作标准和操作流程，同时对相关人员进行培训，避免因操作不当或者操作不熟练引起效率低下。培训的形式可以多元化，便于大家快速开展工作、提升工作效率。

3. 新系统

当企业启用新的操作系统的时候，大部分人对这套系统是不熟悉的，那就需要进行全员培训，以便大家快速熟悉系统操作的关键步骤。

4. 新产品

当出现新的产品的时候，我们需要相关人员了解产品的特征、卖点、销售话术及同行业产品的对比等。

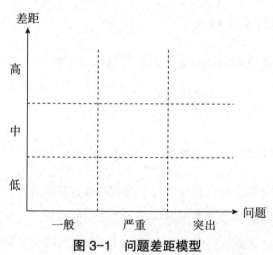

图 3-1　问题差距模型

综上所述，需求一般来源于问题或者差距，可以运用以下模型来进行有效识别。对"双高"的问题要尽快找出来并解决，可以是培训或其他方法。

二、任务分析

所谓任务分析，就是通过目标分解、调查、观察等工作分析的基本方法，对构成岗位职责的各项任务逐一归纳与整理，使之清晰化、系统化与模块化的过程。[5]

做典型工作场景的分析，需要根据任务流的强弱做定向判断：任务紧密，且流向清晰，则用紧密型的分析方式；比较松散，可以独立成模块的，则用松散型的分析模式。

（一）紧密型：适用于具备较强流程性的课题相关任务

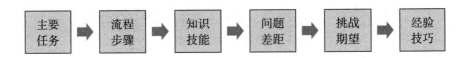

图 3-2　任务分析：紧密型

（二）松散型：适用于流程性较弱的课题相关任务

图 3-3　任务分析：松散型

 思考练习：写出你想开发的课程名称，以及开发的背景

课程名称		
开发背景	• 员工抱怨	☐
	• 客户抱怨	☐
	• 工作质量低下	☐
	• 经常性失误	☐
	• 超出现有技能	☐
	• 员工大量换血	☐
	• 员工矛盾和利益冲突	☐
	• 新事物	☐
适用流程	紧密型☐　　　　松散型☐	

第三节　聚焦学员——解决谁的问题

一、目标学员五大分析维度

目标学员：教学或者信息传播的对象。我们可以从典型任务、先前经验、学习动机、学习能力、群体特征五个方面对学员进行分析。

表3-16　目标学员分析方法

分析维度	体现层面	分析方法
典型任务	• 工作内容	• 查阅资料 • 访谈
先前经验	• 从业经验 • 专业背景	• 查阅资料 • 问卷
学习动机	• 主动学习（　）被动学习（　） • 当前需要（　）未来需要（　）	• 访谈 • 问卷

分析维度	体现层面	分析方法
学习能力	• 受教育程度	• 观察 • 访谈 • 查阅资料 • 问卷
群体特征	• 年龄、性别、数量、可利用的学习时间 • 对培训的态度	• 访谈 • 问卷

二、为何要做目标学员分析

目标学员分析会对后面的课程开发产生一定的影响，它能很好地帮助我们梳理思路。

表 3-17　目标学员分析的益处

目标学员	对课程设计开发的影响
典型任务	判断出现的任务场景与绩效之间的关系
先前经验	学习内容的起点范围
学习动机	学习活动的设计安排（激发、维持动机）
学习能力	教学方法、教学速度、教学时间
群体特征	学习方法、传递策略

三、普适性学员岗位信息

我们需要对学员的岗位信息进行全面的了解才能进行有效的课程开发，可以通过以下的问题来掌握学员的工作岗位信息。

表 3-18 普通员工岗位职责信息调查表

1. 基本职位信息 　姓名：　　　　岗位：　　　　所在部门：　　　　所在室：　　　　职级：
2. 从事该工作需要的学历或专业资格认证是什么？
3. 工作内容和工作目标是什么？
4. 工作的主要职责是什么？在下面的空白处列出您工作中最重要、出现频次最高、难度最大、和绩效关联度最高的 10 项职责及完成每项工作需要花费的时间。 　职责 1：　　　　耗时：　　　　产出： 　职责 2：　　　　耗时：　　　　产出： 　职责 3：　　　　耗时：　　　　产出： 　职责 4：　　　　耗时：　　　　产出： 　职责 5：　　　　耗时：　　　　产出： 　职责 6：　　　　耗时：　　　　产出： 　职责 7：　　　　耗时：　　　　产出： 　职责 8：　　　　耗时：　　　　产出： 　职责 9：　　　　耗时：　　　　产出： 　职责 10：　　　　耗时：　　　　产出：
5. 您的工作需要多少个月（或年）的相关工作经验？

6. 完成工作需要哪些重要的技能和能力（请举例说明）？

大类	能力项	示例 1	示例 2	示例 3	示例 4
市场类	产品研发				
	营销策划				
	品牌推广				
	渠道管理				
	服务控制				
……					

7. 请您列举在工作中经常遇到的棘手的问题，并说明处理过程（5W2H）。

通过以上信息，我们能准确了解学员日常的工作内容和工作中的重点、难点，分析出哪些内容与绩效高度相关，从而进行有针对性的培训课程开发，厘清开发的先后顺序及学习的先后顺序。

四、管理者岗位验证

管理者和普通的员工工作内容不同，他们的大部分时间花在管理上，我们可以从以下几个维度去搜集学员的岗位信息，在做现场调研的过程中进行验证。

表 3-19　管理岗位职责信息调查

类别	了解维度	具体做法
工作方面	组织战略目标。	目标：
	组织的具体目标及管理的部门在实现组织整体目标中的具体任务和内容。	目标： 任务：
	严密实施本部门的工作计划及实施过程中进行控制的情况。	计划： 控制：
	采取相应措施来改善自己和部下的工作绩效。	措施： 效果：
	授予部下与其工作职位相应的权力。	授权场景：
	和部下进行良好沟通，并能给部下指导和激励。	沟通形式： 沟通周期： 指导内容： 激励形式：
	投身工作系统的改良、组织再造、制度创新。	表现：
	发现和解决问题。	发现问题： 解决问题： 未解决的原因：

类别	了解维度	具体做法
	在上级及其他部门之间进行良好的沟通和协调。	主要上级： 主要部门： 顺畅度（低　中　高）： 不顺畅的表现：
	下属之间的冲突处理。	过程： 处理： 反馈（不好　一般　好）：
知识方面	知晓行业及相关行业信息。	不熟　一般　熟悉
	理解和掌握组织新的规章制度。	不熟　一般　熟悉
	对辅助部门工作情况的了解度。	不熟　一般　熟悉
	新产品熟知度。	不熟　一般　熟悉
	现有的专业知识足以出色完成工作任务。	认同　不认同
	对最新科学技术的了解度。	内容： 熟悉度：不熟　一般　熟悉
	管理知识。	自我管理：需要　不需要　紧急　一般 管理他人：需要　不需要　紧急　一般 管理团队：需要　不需要　紧急　一般 管理业务：需要　不需要　紧急　一般 成功案例： 失败案例：
	营销知识。	市场分析：需要　不需要　紧急　一般 成本核算：需要　不需要　紧急　一般 产品研发：需要　不需要　紧急　一般 促销管理：需要　不需要　紧急　一般 渠道管理：需要　不需要　紧急　一般 品牌推广：需要　不需要　紧急　一般 服务质量：需要　不需要　紧急　一般 成功案例： 失败案例：

类别	了解维度	具体做法
	沟通技巧。	向上沟通：需要　不需要　紧急　一般 平级沟通：需要　不需要　紧急　一般 向下沟通：需要　不需要　紧急　一般 对外沟通：需要　不需要　紧急　一般 跨部门沟通：需要　不需要　紧急　一般 成功案例： 失败案例：
技能方面	会议策划。	需要　不需要　紧急　一般 成功案例： 失败案例：
	公众演讲。	需要　不需要　紧急　一般 成功案例： 失败案例：
	时间管理。	需要　不需要　紧急　一般 成功案例： 失败案例：
	商务谈判。	需要　不需要　紧急　一般 成功案例： 失败案例：
	教练技术。	需要　不需要　紧急　一般 成功案例： 失败案例：
	分析判断。	需要　不需要　紧急　一般 成功案例： 失败案例：
	决策。	需要　不需要　紧急　一般 成功案例： 失败案例：
	创新。	需要　不需要　紧急　一般 成功案例： 失败案例：

类别	了解维度	具体做法
	管理。	需要　不需要　紧急　一般 成功案例： 失败案例：
	辅导与激励。	需要　不需要　紧急　一般 成功案例： 失败案例：
	影响力。	需要　不需要　紧急　一般 成功案例： 失败案例：
态度方面	工作氛围。	快乐　有压力　紧张
	充满热情。	
	建议处理。	来自领导： 来自同级： 来自下级：
	组织意见处理。	
	同事晋升。	看法： 理由：
	工作合作。	无条件配合： 视情况调整： 不配合理由：
	对于角色的认知。	主人： 股东： 合伙人： 雇员：
	杜绝浪费。	举措： 扩散：

五、工作任务汇总分析

调查了学员的典型工作任务后，还需要对学员的典型工作场景进行聚焦，进一步找到存在问题的地方，深挖可开发的点，这样才能很好地聚焦学员需要解决的问题。

以终端销售为例。终端销售是运营商或者手机厂家经常会遇到的问题，我们需要对其销售场景进行聚焦，并对销售流程进行梳理，找到关键挑战，助其实现销售的快速达成，提升成交率。

表 3-20　终端销售的工作任务汇总分析

工作任务分析结构	描述	期望值	关键挑战
任务流程	1. 欢迎客户 2. 进行寒暄 3. 探寻需求 4. 进行销售 5. 送别客户	1. 挖掘客户购买手机终端的原因 2. 有针对性地进行手机品牌推荐	1. 如何快速提炼终端的卖点 2. 如何了解客户的性格 3. 如何快速掌握客户的预算 4. 了解客户的偏好
典型工作场景	1. 营业厅柜面与客户沟通场景 2. 电话沟通场景 3. 校园促销	在不同的场景下，如何快速成交	场景的话术与流程

思考练习：尝试做一个你所熟悉的岗位分析

1. 基本职位信息 　姓名：　　　岗位：　　　所在部门：　　　所在室：　　　职级：
2. 从事该工作需要的学历或专业资格认证是什么？
3. 工作内容和工作目标是什么？

4.工作的主要职责是什么？在下面的空白处列出您工作中最重要、频次最高、难度最大、和绩效关联度最高的三项职责，以及完成每项工作需要花费的时间。 职责1：　　　耗时：　　　产出： …… 职责n：　　　耗时：　　　产出：	

5.您的工作需要多少个月（或年）的相关工作经验？

6.完成工作需要哪些重要的技能和能力（请举例说明）？

大类	能力项	示例1	示例2	示例3	示例4
（　　）类					

7.请您列举在工作中经常遇到的棘手的问题，并说明处理过程（5W2H）。

第四节　综合考量——平衡多方诉求

一、学员分析

（一）绩效分析

组织的战略都是通过绩效来实现的，我们可以通过学员的绩效数据找到学员与组织对其期望的差距，并匹配专业的提升建议。

表 3-21 绩效差距及应对策略

存在的问题	应对策略
期望未知不明	明确项目期望和目标
反馈不足和不当	匹配导师，强化反馈
工具不足，缺少资源	开发工具，丰富资源
鼓励不足 / 不当	强化激励与辅导措施
结果不清晰 / 不当	明确结果与评估标准
任务 / 流程设计不当	行动学习优化改进流程
工作匹配（能力匹配）不当	工作分析及优化工作配置
知识或技能欠缺	制定有针对性的评估与开发活动

（二）背景分析

我们需要从年龄、性别、经验、学历、区位等维度去了解学员。

表 3-22 学员背景分析

年龄	20—30 岁　　人　　　31—35 岁　　人　36—40 岁　　人　　　41—50 岁　　人 平均年龄　　　岁
性别	男　　　女　　　（按照百分比计算）
经验	1 年以下　　　1—3 年　　　3—5 年　　　5 年以上
学历	大专　　　本科　　　硕士　　　硕士以上
区位	国内　　　区

（三）起点技能分析

起点技能主要是指学员现在就有的技能，了解起点技能。可以避免将课程内容设计得太浅。关于起点技能，我们一般会从工作经验、培训经历、知识储备和认知差异上着手。

表 3-23　学员起点技能分析

工作经验	
培训经历	
知识储备	
认知差异	

（四）学习风格分析

美国社会心理学家、教育家大卫·库伯在总结了知名学者约翰·杜威、社会心理学家库尔特·勒温和皮亚杰经验学习模式的基础之上提出了自己的经验学习模式，亦即经验学习圈理论。[6]

他认为，经验学习过程是由四个适应性学习阶段构成的环形结构，包括具体经验（Concrete Experience）、反思性观察（Reflective Observation）、抽象概念化（Abstract Conceptualization）、主动实践（Active Experimentation）。具体经验是让学习者完全投入一种新的体验；反思性观察是让学习者在停下的时候对已经历的体验加以思考；抽象概念化是指学习者必须达到能理解所观察的内容的程度，并且吸收它们，使之成为合乎逻辑的概念；到了主动实践阶段，学习者则要验证这些概念并将它们运用到制定策略、解决问题之中去。

图 3-4　库伯学习风格模型

学习过程有两个基本结构维度。第一个称为领悟维度，包括两个对立的掌握经验的模式：通过直接领悟具体经验，或通过间接理解符号代表的经验。第二个称为改造维度，包括两个对立的经验改造模式：通过内在的反思，或通过外在的行动。在学习过程中，两者缺一不可。经验学习的过程是不断的经验领悟和改造的过程。

发散型学习者（Diverger）通常使用具体的思维方式感知信息，并对信息进行反思性加工，这类学习者需要独自从事学习活动。

同化型学习者（Assimilator）通常使用抽象的思维方式感知信息，并对信息作出反思性加工，他们需要采用细节性、顺序性的步骤进行思考。

聚合型学习者（Converger）通常使用抽象的思维方式感知信息，并对信息进行积极的加工，他们在学习活动中需要关注解决实际问题。

调节型学习者（Accomodator）通常使用具体的思维方式感知信息，并对信息进行主动的加工，他们在学习中会冒险和变换实践方式，其学习活动具有一定的灵活性。

可以通过以下问卷来进行测试，最终完成学员学习风格的评估。

1. 在我认为有理由的情况下，我往往采取合理的冒险行动。

2. 我认为正规的程序和政策对人的限制太大。

3. 我严肃率直的作风为人所知。

4. 我听完别人的观点后才发表我的看法。

5. 我有明确的是非观念，为人处事原则性极强。

6. 我希望以按部就班的方法解决问题。

7. 我习惯于简单、直接地发表我的看法。

8. 我判断一个建议的好坏的关键因素是看它实际上是否可行。

9. 我经常发现，根据感觉产生的办法和经过细心考虑与分析才产生的办法使用起来同样理想。

10. 我总是积极寻求新的经历。

11. 我对得到的数据的分析处理往往小心谨慎，避免过早下结论。

12. 在进行问题讨论时，我喜欢观察别人的行为。

13. 我经常对他人的一些基本设想提出疑问。

14. 我注意自我控制，如注意自己的体重、坚持锻炼身体、坚持某一个固定的例行程式。

15. 当听到一个新的想法或方法时，我总是马上考虑要在实践中试试。

16. 对于既定的程序和政策，只要我认为有效，就坚持到底。

17. 我喜欢滔滔不绝地讲话。

18. 我喜欢努力解决与众不同的新问题。

19. 在下结论之前，我特别注意一些细节问题。

20. 我对了解别人的想法特别感兴趣。

21. 我喜欢与逻辑思维强、有分析能力的人相处，不喜欢与容易冲动的人共事。

22. 我习惯把事情以固定的程式进行，而不喜欢杂乱无章。

23. 我喜欢开门见山地进入谈论的主题。

24. 我总是急于在实施过程中搞清楚事情的可能性。

25. 我认为爱开玩笑、易于冲动的人比较可爱。

26. 一般情况下，我愿意公开自己的感情。

27. 我对工作总是善始善终。

28. 我认为，消息来源越多越好。

29. 我认为，人的行为都是与某种普遍规则相联系的。

30. 工作中的人际关系应该正当，并保持一定的距离。

31. 我愿意做技术性的工作，如系统分析、设计流程图、业务扩充计划、随机规划，等等。

32. 我根据一个人的实际成绩判断他的主意是否正确。

33. 我情愿在随机、灵活的基础上对事情作出反应，而不是事先就做好计划。

34. 面对冷静、有思想的人，会令我感到不安。

35. 我在下结论之前一般喜欢仔细地权衡许多替代方案。

36. 如果必须在某一紧急期限内完成某项工作，我就会感到着急。

37. 我相信理性的、逻辑的思维可以取胜。

38. 做事轻率的人往往使我反感。

39. 开会的时候，我提出的想法往往是实用的、现实的。

40. 在工作中我经常能发现更好、更实际的方法。

41. 比起思考过去与将来，我认为享受目前的时刻更加重要。

42. 在讨论中，我总是即兴地提出一些问题。

43. 我不太喜欢那些急于成事的人。

44. 根据完整的信息与分析来做决定，比根据直觉做决定好得多。

45. 我追求完美。

46. 我能经常发现他人观点中的不连贯之处和弱点。我认为，书面报告应当精练而且切题。

47. 我喜欢与重实际而不是重理论的人相处。

48. 再好的规则多半也会被打破。

49. 总的来说，我说多于听。

50. 我认为在考虑问题的时候，应该跳出某一环境而考虑所有的观点。

51. 我倾向于与人谈具体的事情而不是进行泛泛的社会问题讨论。

52. 我发觉冲动不利于思维。

53. 我喜欢通过逻辑思维的方法寻求答案。

54. 我反感在讨论中东拉西扯。

55. 我认为说话应该直截了当。

56. 我对新奇的、不平凡的想法，比实际的东西更感兴趣。

57. 如果事情办错了，我很愿意摆脱它们，使它们成为过去。

58. 如果让我写报告，我往往需要写好多遍草稿才肯定稿。

59. 在下决心之前，我需要考虑许多替代方案。

60. 在与他人讨论时，我经常不动声色，而且是最客观的。

61. 我喜欢能够把当前的工作与长远的、总体的考虑联系起来。

62. 为完成工作任务，我不拘泥于手段。

63. 我反对那些轻率的、异想天开的主意，因为它们不切实际。

64. 我觉得拘泥于具体的目的和计划令人压抑。

65. 我喜欢集体生活。

66. 在讨论中我更喜欢低调，而不愿意带头发言或滔滔不绝地讲话。

67. 行动之前最好仔细考虑。

68. 我对于那些不按逻辑方法办事的人毫不留情。

69. 我常爱探究事物与现象赖以生存的基本条件、原理和理论。

70. 在大多数情况下，我相信结果能证明手段的必要性。

71. 只要工作能够完成，我不在意是否伤害别人的感情。

72. 我对程序化、具体化的工作很快就会厌倦。

73. 我欣赏危机的戏剧性的变化和激动人心的情况。

74. 总的来说，我听多于说。

75. 我对快速下结论持谨慎态度。

76. 我希望开会按既定程序进行。

77. 我一般会避开主观或者模糊的主题。

78. 在讨论中我经常发现自己是最现实的。我总能让人们一下子了解主题，避免陷入漫无边际的遐想。

79. 人们发现我经常对他们的感情无动于衷。

对以上的选项表示同意则填1，不同意则填0，统计各项的分数，哪项得分最高，就说明最主要的学习风格是哪种。

表 3-24　库伯学习风格统计

1	2	3	4	5	6	7	8
9	10	11	12	13	14	15	16
17	18	19	20	21	22	23	24
25	26	27	28	29	30	31	32
33	34	35	36	37	38	39	40
41	42	43	44	45	46	47	48
49	50	51	52	53	54	55	56
57	58	59	60	61	62	63	64
65	66	67	68	69	70	71	72
73	74	75	76	77	78	79	

A（第1—2列）　　R（第3—4列）　　T（第5—6列）　　P（第7—8列）

A表示主动型，R表示反思型，T表示理论型，P表示应用型。

二、匹配度分析

当我们做完调研后，就需要对需求进行识别，看是否能通过培训解决，如果不能通过培训解决，课程开发人员需要对项目发起人进行反馈。

表 3-25 需求识别汇总

种　类	关注的点	判　断
相关性	"差距"与"课程主题"	
	"差距"与"学习对象"	
	"课程主题"与"学习对象"	
必要性	"差距"的来源你清楚了解吗？	
	"差距"可以用培训来解决吗？	
可行性	时间限制：开发周期是在交付时间的范围内吗？	
	文化限制："课程主题"是组织和员工欢迎的吗？	
	业务限制：开发小组成员是否愿意参与并且投入？	
	学习形式：学习形式是否超出现在的开发水平？	

三、动机分析

此处主要是分析学员喜欢主动学习，还是喜欢被动学习？是属于当前的发展需要，还是属于未来发展需要？

四、需求分析汇总

完成对学员的背景分析、起点技能分析和学习风格分析后，就需要对分析进行汇总，以便于我们全面掌握学员的基本情况。

表 3-26　需求分析汇总

发起者				
发起原因				
课程目标				
其他要求				
适用范围	全国适用□　　集团适用□　　　分公司适用□　　　子公司适用□			
受众数量	100 人以内□　　　　100—500 人□　　　　500 人以上□			
研发基础	新开发□　　　　　　优化□			
准入标准				
背景分析	背景信息	年龄结构： 性别结构： 岗位经验： 学历结构： 区位结构：		
	对课程设计的启发			
起点技能分析	起点技能			
	对课程设计的启发			
动机技能分析	动机特征			
	对课程设计的启发			
学习风格分析	学习风格测试结果	发散型（　）聚合型（　）同化型（　） 适应性（　）		
	对课程设计的启发			
工作任务分析结构	子任务 / 流程 / 场景	期望值		关键挑战
任务流程	主要任务或流程一： 主要任务或流程二： 主要任务或流程三：			

典型场景	典型工作场景一：		
	典型工作场景二：		
	典型工作场景三：		
课程名称		时长（小时）	
课程目标		开发方式	内部开发□ 外部开发□ 联合开发□
开发人员		教学环境	实验室　□ 课室　　□ 户外　　□ 其他　　□
主要的课程内容（至少含二级结构）		该单元目标的初步描述	教学方法的初步选择

第四章

排沙拣金　课程设计

 **学习思考**

- 什么样的内容适合做课程开发？

- 陈述性知识和程序性知识的区别是什么？

- 如何设计课程目标？

- 如何安排课程架构？

- 如何让学员的教学活动生动有趣？

- 教学的内容与教学活动和教学的道具如何进行有效的统一？

第一节　精准选题——精准定位方向

一、课程选题

课程的作用在于回应问题，当我们有众多课题可以选择的时候，就需要进行选择，可以参考以下模型，帮助我们圈定范围。

（一）选题基本点

- 什么问题？
- 谁的问题？
- 问题的类型。

- 上课可以解决吗?
- 受众数量是多少?

(二)分清问题性质

当组织出现问题、需要开发课程的时候,需要首先想清楚是表面问题还是本质问题,如员工士气低落,是否就要去上鼓舞士气的课程?

 案例透视:低落的士气

在一个营业厅里,有几名员工在上班,但感觉大家的士气比较低落。这时候店面经理开始犯难了,不知道哪里出了问题。他想给员工上一堂关于心态的课程,于是将这个需求提给了人力资源部。人力资源部接到这个需求后,没有马上开展培训,而是进行了需求调研,调研后发现,原来是营业厅的员工对新的薪酬体系有疑惑,感觉缺乏安全感。经过仔细分析和测算,他们发现新的薪酬体系只是降低了基本工资,但提高了计件薪酬的范围,应当有助于帮助大家树立多劳多得的新观念。经过人力资源部的集体宣贯,营业厅又出现了欣欣向荣的景象。

(三)选题原则

选题对课程开发至关重要,我们需要从三个维度进行选择,确保我们的开发方向比较合适。

表4-1 选题原则

原　则	说　　　　　明
既宽又窄	宽:广泛推广的话题 窄:课题宜小不宜大
既实又新	实:实用性强 新:有新的做法,新的观点或新的工具
既专又熟	专:有专业深度 熟:熟悉的领域

（四）内外有别

开发课程时，我们需要区别哪些课程适合内部开发，哪些适合外部开发，哪些适合联合开发。对此，我们需要进行精确的判断，以免走偏。

表 4-2　内外开发的区别

课题范围	开发形式
业务类	内部开发：有熟悉的专家 内部 + 外部：有内容专家，有方法论专家
管理类	外部开发：有丰富的研发经验，且有典型的案例及丰富的工具 内部 + 外部：结合企业的实际情况，将案例进行结合 外部开发 + 版权引进：采用标准化教学

 案例透视：难以开发的沟通课程

某知名地产公司在一次课程开发的过程中设立了四门课程，分别是成本管控、项目进度管控、项目经理有效沟通、项目全过程风险管理与防范，开发形式为内部小组组队开发，大家都是项目管理的专家。做内部开发成本管控、项目进度管控两门课程时感觉得心应手，而在做项目经理有效沟通开发时则发现难度较大。提炼的沟通话术基本上相当于日常沟通的口语，且没有上升到理论高度，开发的过程中学员的分歧比较大。最终，其他三个小组的课程已开发了80%的时候，该小组还在争论不休，进度停滞不前。

仔细分析后发现，其原因在于，大家虽然熟悉沟通流程和沟通的话术，但缺乏项目管理的专业知识，未能掌握项目沟通过程中的相关话术和工具。

建议：专业知识导入，形成体系。

（五）课程名称

1. 拟定原则

课程名称是具有教学价值的关键工作任务，一个好的课程名称表示该课程已经成功了一半，这样能很好地引起学员的兴趣，且能直观、形象地展示课程内容。

表 4-3 确定课程名称的四大原则

原 则	说 明	示 例
新鲜有趣	让人耳目一新，方便记忆	勇敢的"朱迪"——热原检查法
形象生动	让人一看就明白要讲什么	蒸出健康——灭菌操作入职培训
记忆点强	能让学员快速记住课程的要点	有"痔"者"市"竟成——九华膏的市场再定位培训
反应实质	能快速了解课程讲述的核心内容	投诉是"金"

2. 命题类型

课程命名主要有四种类型，这四种类型各有优劣，我们需要根据企业文化的不同采用不同的命名方式，也可以多种命名方式同时存在。

表 4-4 课程名称的四种类型

组 成	经典案例	模 式
内容	企业文化建设 公司安全管理 六顶思考帽	单一
对象＋内容	班组长目标管理计划制订 终端导购员销售技能提升 新晋经理的三项修炼	
对象＋收益＋内容	高效能人士的七个习惯 职业化员工五项修炼 新销售完美异议	
双标题	六脉神剑——渠道主管管理技能提升 职场魔方——新员工的完美蜕变	复合

二、访谈调研

为了掌握第一手信息，我们需要对课程对象开发进行调研，以下为调研的实施步骤。

图 4-1 调研实施步骤

 思考练习：拟定一门你即将开发的课程名称

类　型	课程名称
内容	
对象＋内容	
对象＋收益＋内容	
双标题	

第二节　探寻素材——材料身在何方

一、辨明知识类型

我们将知识分为陈述性知识和程序性知识两类，它们的含义和作用分别见下表。

表 4-5　信息加工心理学的知识类型分类

知识种类	含　义	作　用
陈述性知识	个人拥有的有关世界"是什么"的知识	检查的标准是看学生能否回答"是什么"的问题
程序性知识	关于"怎么办"的知识，也是关于动作技能和智慧技能的知识	主要是习得的概念和规则在新情境中的运用

二、工作过程知识

工作中需要的专业知识不再是系统的学科知识，而是与实际工作过程有着紧密联系的带有"经验"和"主观"性质的知识和能力。

工作过程知识是在工作过程中直接需要的，区别于学科系统化的知识，常常是在工作过程中获得的知识。一般由学科知识、动作技能、方法技巧、反思学习构成。

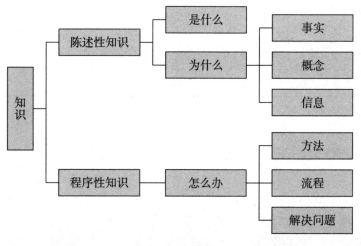

图 4-2　知识分类

三、通过任务萃取知识

任务导向分析法，是指以学员要达成的任务目标为导向，通过分解任务节点确定培训内容的方法。

表 4-6　典型任务分析

工作步骤	知识点	技能点	态度点
1			
2			

按照以下顺序，将萃取出来的知识进行结构化。

表 4-7　结构化模块

序　号	结构化内容
1	工具、模板、操作系统
2	技巧、方法
3	规范、标准、要求、注意事项
4	学科知识、原理、概念
5	避免的错误

四、教学素材来源

（一）规章制度

规章制度是保证组织能够正常运行的规范，很多知识源自这里。在选择规章制度的时候需要坚持两个原则，一是有用，二是易错。

（二）数据分析

数据分析是日常经营管理的有效依据，是我们日常管理手段的萃取和提炼。它能说明很多问题，我们可以通过分析数据来了解过去管理中存在的问题以及改进的举措，佐证我们的课程内容。数据分析不仅限于我们的业务数据，还可以包含日常的其他管理数据。如果需要开发一门关于人力资源的课程，我们就可以在考勤数据、薪酬数据或者是招聘数据和离职数据中进行筛选，在做课程开发的时候能更有说服力。在做素材引用的时候最好注明来源和日期，这样能增强可信度，也方便后期的持续更新，不至于出现数据过于滞后的情况。

（三）总结报告

这里主要是一些日常的工作汇报内容，更加贴近我们日常的管理，包含成功的实践、业务现状的描述、日常的运营和日常公司在战略传达和落地中的纠偏、纠偏过程中产生的最佳做法等，我们可以通过这些报告对教学素材进行进一步的加工。

（四）分享材料

这些分享材料主要是与课题相关的材料，均可以作为前期素材的准备，这些分享材料一般承载着三种内容：最佳实践、前沿探索、对过往失败的反省。所以作为课程开发人员，需要在里面选择有用的数据。

（五）案例

案例的选择可以是行业的、公司的、部门的，或者名人的、自己的案例。案例应真实，不要杜撰，但可以在真实的案例上进行加工，如果是本公司员工的负面案例，可以将其个人信息隐藏处理。

1. 成功案例

成功案例能起到很好的引导和示范作用，能使学员知道，按照案例示例的做法去做能取得成功，并且能形成一种好的氛围，让学员有所期待。

2. 失败案例

失败案例能起到很好的警示作用，能使学员看到，如果按照错误的做法去做可能带来的风险、损失以及危害。在风险类、合规类课程中可以多用失败案例。

（六）其他相关素材

其他相关素材主要包括相关的视频和图片、音频等材料，这些材料能帮助我们在课程开发的时候进行更好的教学活动设计。

五、素材搜集手段

丰富的参考资料是使课程内容丰满的必要保障，而课程开发的过程，也就是"采百家花、酿自己蜜"的过程。资料越多，工作量越大，但有关的观点、案例、故事等素材也就越丰富，也可以在此过程中对许多不同的观点进行充分的比较和论证。

（一）微信搜索

打开微信之后可以在右上角找到 🔍 符号，根据提示输入关键词进行搜索，能快速找到微信平台上的相关文章，或朋友圈最近的相关文章，以及在聊天过程中的相关记录。

（二）文库类搜索

可以在百度等大型文档存储平台进行内容搜索，找到你想要的内容，但部分内容需要付费使用。

（三）专业书籍

可以找到对应要开发课程的相关书籍，对内容进行查阅和引用。现在也比较流行使用电子图书馆检索。

六、罗列素材

我们在罗列素材的时候需要注意素材的完整性，保证素材不遗漏，需要明确形式和内容，并保证素材的真实性。

表 4-8　素材整理的原则

类　别	描　述
素材完整	如音频、视频、练习题、案例等，不要遗漏课程实施中的任何一个环节
形式和内容	明确素材的不同内容的最佳匹配形式
素材真实	所有的素材设计的练习、实践模拟、小测试、案例、研讨问题、角色扮演等教学活动尽可能地模拟真实工作任务，这能够促进学员将所学的知识技能转化到工作中

七、素材的整理

我们已经积累了一定的素材，这时就需要对素材进行整理，以便在课程开发的过程中进行快速查找和引用。整理资料是一个机械、枯燥的过程，但这个过程也充满了乐趣，你会发现很多令人惊喜的内容。我们建议用以下步骤进行操作。

图 4-3　素材整理步骤

将素材按照不同的主题放在不同的、有针对性命名的文档中，便于检索和引用——这才是整理。对于已经整理过的原始文档资料，如果认为没有价值，可立即删除，认为还可能进一步去查阅的，则可以在文档的标题上进行相应的标记，并对这些文档另行放置，如在原文件夹中另外建立一个"整理后"的文件夹来放置已经整理过的资料。

八、材料的先后顺序

在素材完备，要进行课程设计的时候，就需要对素材进行排列，我们可以遵照三个维度去排列，即流程顺序、知识先备顺序及学习心理顺序。

表 4-9　素材整理的先后顺序

方　法	原　则	原则说明
已知到未知	先备原则	人对已知事物或现象的特征、演变、趋势等比较了解，而对未知事物或现象相对陌生，因此从已知相关事物或现象逐步导入未知的领域，有利于学员全面理解和把握授课内容
简单到复杂	学习心理顺序	从容易理解的事物或现象入手，引导学员理解较为复杂的事物或现象
发生顺序	流程顺序	按照事物客观发生现象的先后顺序进行
学习风格	分类	不同的学习风格匹配相应的内容

思考练习：对你即将开发的课程进行素材收集，并进行整理归类

内容	已完成	待完成	计划完成时间
工作流程梳理			
典型工作任务			
教学素材			

第三节　量化目标——如何发生改变

一、设定教学目标

课程目标是一个培训课程必须达到的目标。它表明培训对象通过培训课程在认知、情感和技能等方面需要达到的标准。课程目标的设定非常重要，因为它确定培训课程必须覆盖的内容以及学员掌握知识要点的程度。教学是否有效果取决于学习者，即学习者取得的成绩，也就是课程目标所表述的内容。课程目标决定后期的课程内容组织。

为课程评估提供可衡量的依据

将工作任务/步骤有效转化为学习内容

工作场景有效转化为学习场景

图 4-4　教学目标的作用

二、教学活动分类

1956 年，美国当代著名心理学家本杰明·布卢姆将教学活动划分为以下三个领域，通过三个领域的划分，我们可以清楚地认识到需要学员掌握的能力领域。

表 4-10　布卢姆教学活动三领域

认知能力 （Cognitive）	运动能力 （Psychomotor）	情感 / 态度 （Affective）
认知目标是指培训对象在基本概念理解能力方面所要达到的水平	技能目标是指培训对象在接受培训后，对所学知识适配技能的操作应用水平	情感目标主要是指培训对象在思想、观念以及信念上应达到的水平

三、目标四要素

教学目标是指学员通过学习后，能够达到的最终结果。它的四个要素如下。

Audience（对象）——教学目标的行为主体必须是学生，而不是教师。对象即行为表现的内容或对象。

Behavior（行为）——即在该工作场景、任务 / 步骤下通过本次课程所应发生的行为，比如：

（能）说出公司的五大业务形态的名称；

（能）比较说出产品的三大卖点。

Condition（条件）——行为产生的条件，包括环境条件（空间、气温、噪声等），及课程学习中所涉及的工作场景、现状环境和前提条件。

- 人的条件（个人单独完成、小组集体完成、在教师的指导下完成、课后完成等）；
- 设备条件（工具、设备、图纸、说明书、计算机等）；
- 信息条件（资料、教科书、笔记、图表、辞典、搜索引擎等）；
- 时间条件（速度、时间限制等）；
- 问题明确性的因素（为引起行为的产生，提供什么刺激及强度等）；

Degree（程度）——操作标准，即衡量行为的达到程度，达到所要求行为的程度。例如，准确性：测量误差在 ±5mm。

表 4-11　教学目标工具

目标内容	说　　明
对象 Audience	
行为 Behavior	
条件 Condition	
程度 Degree	

教学目标示例：酿造科新员工通过学习后，能准确地进行浓度为 52% 的白酒勾兑。

四、教学目标的 SMART 原则

SMART 原则，即 Specific，Measurable，Attainable，Relevant，Time-bound 原则，实施目标管理不仅是为了利于员工更加明确高效地工作，更是为了管理者对员工实施绩效考核时能有比较明确的考核目标和考核标准，使考核更加科学化、规范化，保证考核的公开、公正与公平。

五、目标分类

布卢姆教育目标分类法是一种教育的分类方法，根据教育目标可以分为：知道、领会、应用、分析、综合、评价。该教育方法指出，问题有简单和复杂，应按照学习目标进行提问。按照布卢姆的教育目标分类法，在认知领域的教育目标可分类如下。

（一）知道（Knowledge）

指认识并记忆。这一层次所涉及的是具体知识或抽象知识的辨认，用一种非常接近学员当初遇到某种观念和现象时的形式，回想起这种观念或现象。

提示：回忆、记忆、识别、列表、定义、陈述、呈现

（二）领会（Comprehension）

指对事物的领会，但不要求深刻的领会，包括"转化"、解释、推断等。

提示：说明、识别、描述、解释、区别、重述、归纳、比较

（三）应用（Application）

指对所学习的概念、法则、原理的运用。它要求学会在没有说明问题解

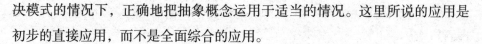

决模式的情况下，正确地把抽象概念运用于适当的情况。这里所说的应用是初步的直接应用，而不是全面综合的应用。

提示：应用、论证、操作、实践、分类、举例说明、解决

（四）分析（Analysis）

指把材料分解成它的组成要素，使各概念间的相互关系更加明确，使材料的组织结构更为清晰，学员能够详细地阐明基础理论和基本原理。

提示：分析、检查、实验、组织、对比、比较、辨别、区别

（五）综合（Synthesis）

以分析为基础，全面加工已分解的各要素，并再次把它们按要求重新组合成整体，以便综合地、有创造性地解决问题。它涉及具有特色的表达，制订合理的计划和可实施的步骤，根据基本材料推导出某种规律等活动。它强调特性与首创性，是较高层次的要求。

提示：组成、建立、设计、开发、计划、支持、系统化

（六）评价（Evaluation）

这是认知领域里最高层次的教育目标。这个层次不要求凭直观感受或观察到的现象作出评判，而要求对事物本质的价值作出理性、深刻的、有说服力的判断，要求学员综合内在与外在的资料、信息，作出符合客观事实的推断。

提示：评价、估计、评论、鉴定、辩明、辩护、证明、预测、预言、支持

其中，前三类属于初级层次的认知问题，它一般有直接、明确、无歧义的答案，而后三类属于高级认知问题，通常没有唯一的正确答案。

在问题设计中，我们认为，课堂教学不能仅仅局限于初级认知的问题，在适当的时机，高级认知问题更能激发学生的思维，从而培养学生的思维能力、观念和自我评价体系。为了帮助大家更好地做课程目标，我们将布卢姆教育目标动词应用归纳如下：[8]

表 4-12　布卢姆认知目标词典

层次	动　词	说　明
记忆	定义、描述、提炼、寻找、认出、标明、告诉、列出、找出、记住、命名、列举、识别、选择、说明、写下	培训对象能对学过的知识和有关信息进行识别和再现
理解	改变、确定、讨论、表达、举例说明、配对、重述、关联、总结、比较、辩护、分辨、解释、延伸、概括、泛化、推论、要点	培训对象能掌握所学的知识，抓住事物的实质，并可以用自己的语言解释信息
应用	修改、调整、应用、选择、分类、收集、发现、编剧、绘画、实施、建立模型、报告、制造、解决、略述、建构、完成、检查	培训对象能将所学知识应用到新的情景中
分析	公布、分析、区别、辨别、检验、调查、研究、推论、比较与对比、参与、分开、指出、细分	培训对象能将所学的知识进行分解，找出组成的要素，并分析其相关关系
评价	坚定、评价、建议、批评、解决、权衡、批判、评判等级、判断、考虑、证明、关联、定量、测量、总结、优先考虑、挑选、决定、辩论、核实、议论、讨论、决定	培训对象能根据一定标准对事物进行价值判断，如判断一个市场调研报告的真实性
创造	添加创造、作品创作、合并、架构、文学创作、设计、规划、并发、总结公式、假设、想象、发明、改革、原创、组织、计划、预测、建议、角色扮演、安排时间表、因果追问	培训对象能将知识的各个组成要素进行重新组合，形成一个新整体

表 4-13　布卢姆技能目标词典

层次	动　词	说　明
模仿	模仿、临摹、重复、例证、缩写、听唱、跟奏	培训对象能按照指示或在培训师的指导下应用某项技能或完成某项具体操作
操作	完成、演唱、演奏、测试	培训对象能在没有人指导的情况下，独立应用某项技能或完成某项具体操作
创造	改编、转换、灵活运用、举一反三	培训对象能将所学技能运用到新的领域中，或是培训对象能对技能进行改进以使其更好地被应用

表 4-14　布卢姆情感目标词典

层次	动　词	说　明
接受	同意、采纳、拥护、怀疑、抵制、反对等	培训对象愿意注意特殊的现象或刺激，如参加课程活动、班级活动等
反应	遵守、拒绝、认可、认同、承认、接受、同意、反对、愿意、欣赏、喜欢、讨厌、感兴趣、关心、关注、重视、采用、采纳、支持、尊重、爱护、珍惜、蔑视、怀疑、摒弃、抵制、克服、拥护、帮助	培训对象不仅注意到了某种现象，而且主动参与并作出反应，如完成培训师布置的练习任务、参加小组讨论等
信奉	养成、树立、追求、塑造	培训对象通过价值评价，逐渐形成稳定的个人价值观念

第四节　四大结构——清晰材料逻辑

课程结构是课程目标转化为教育成果的纽带，是课程实施活动顺利开展的依据。课程结构解决的是课程各部分知识构成如何按照合理的学习逻辑顺序进行配合和组织的问题，是课程成为一个完整体系的支撑。

一、课程结构理论

目前，课程结构理论流派较多，我们需要掌握国际上比较盛行的三种理论。

表 4-15　国际典型课程结构理论流派

理论流派	观　点
教学的精加工理论	主张课程应该结构化，应当不断进行这种总述、精加工、总结和综合的流程，直到课程内容覆盖各水平学员的需要为止

理论流派	观　　点
建构主义思想	学习者应根据他们当前、过去的知识建构新的思想与概念。课程应以螺旋方式组织，这样学员就能够不断在他们已习得的内容基础上进行建构
短时记忆的容量	这种流派提出人的短时记忆容量为 7±2，即一般为 7，并在 5 至 9 之间波动。关于课程的逻辑框架设计，有一个很重要的数字 "7"。所以，在设计大纲时，课程各层级目录一般不超过 7 点，最好保持在 5 点或以内，便于学员记忆

二、教学顺序

教学顺序设计有很多种模式，但是我们比较推崇精加工原理、建构主义原理、ARCS 动机模型和任务顺序四种[①]。

表 4-16　教学顺序原理与模型

参照原理	设计规则启示
精加工原理	• 从简单到复杂 • 从一般到个别 • 原理—应用—反思—原理—应用
建构主义原理	• 每种新概念、事实应通过有意义的情境导入 • 前面的知识应能为后面的知识导入提供支持和铺垫
ARCS 动机模型	• 从让人愉快的学习任务开始 • 从让学员能掌握、有信心完成的学习任务开始 • 从引发学员学习注意和兴趣的学习任务开始

---

① ARCS 模型是由美国佛罗里达州立大学的约翰·M.凯勒（John M Keller）教授于 20 世纪 80 年代提出的一个教学设计模型。所谓 ARCS，是 Attention（注意）、Relevance（关联）、Confidence（信心）和 Satisfaction（满意）四个英文单词的首字母的缩写。

续表

参照原理	设计规则启示
任务顺序	• 按照工作中实际任务操作顺序，即将工作任务分解 • 按"如何做"的教学内容来编排

三、金字塔原理

金字塔原理是一项分层的、结构化的思考、沟通技术，可以用于结构化的写作过程。[10]课程是一个完整的系统，所以，课程各部分的内容务必要按照一定的逻辑关系组织在一起。不论是汇报、演讲还是写作都应该遵循这个逻辑。

由此可见，金字塔原理其实就是"以结果为导向的论述过程"，或是"以结论为导向的逻辑推理程序"，其中，越往金字塔上层的论述价值越高。此外，根据归纳法与 MECE（Mutually Exclusive Collectively Exhaustive）原则所论[10]，支持结论的每一推论的子推论间均"相互排斥，集体穷尽"，即"相互独立，完全穷尽"，且构成每一子推论的孙推论间也"相互独立，完全穷尽"。

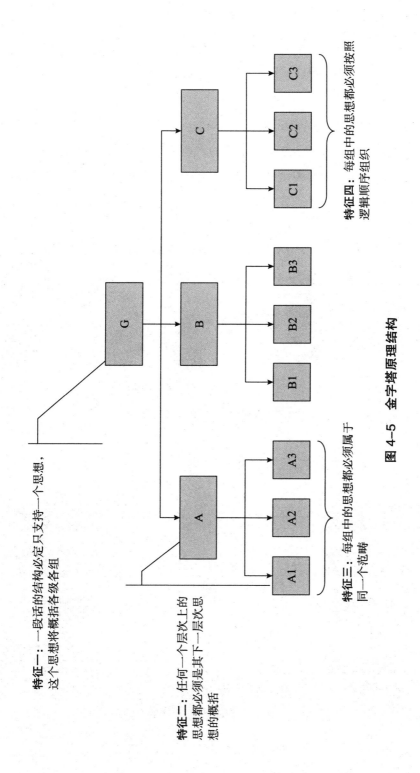

图 4-5 金字塔原理结构

特征一：一段话的结构必定只支持一个思想，这个思想将概括各级各组

特征二：任何一个层次上的思想都必须是其下一层次思想的概括

特征三：每组中的思想都必须属于同一个范畴

特征四：每组中的思想都必须按照逻辑顺序组织

四、常见的课程结构

课程结构就是课程的主要脉络，是课程的框架，在做课程设计的时候能很好地帮助开发人员梳理思路，常见的课程结构有要素型、流程型、情景型、问题型和问题解决型五种。课程设计并不是一成不变的，它可以是一种或多种结构的组合。

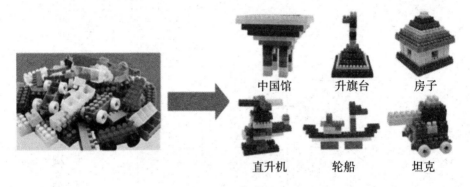

中国馆　　升旗台　　房子

直升机　　轮船　　坦克

图 4-6　乐高示意

（一）关于商业的常见分类

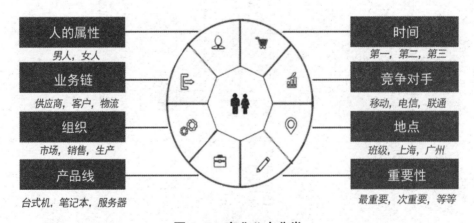

图 4-7　商业八大分类

（二）课程结构

课程结构就像房子的框架，决定了内容呈现的先后顺序，所以我们在设计结构的过程中一般需要根据内容进行选择和判断，在逻辑上要看是属于要素型、流程型，还是情景 / 问题型的。

表 4-17　常见的课程结构

课程结构	说　　明
要素型	• 对象分类（如集团公司、个人客户） • 概念分类（如蛋奶类、水果类、蔬菜类） • 三角结构（如公司、客户、员工） • 矩阵结构（如 SWOT 分析） • Why-What-How 结构 • 案例 / 情景类
流程型	• 时间顺序 • 因果顺序 • 操作顺序 • 程度顺序 • 问题解决流程 ……
情景 / 问题型	• 情景或问题——解决方案 • 案例——案例分析启示

（三）课程结构示例

1. 要素型课程结构

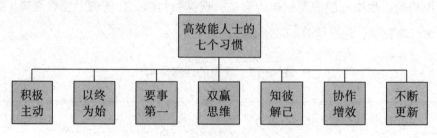

图4-8　要素型课程结构示意

2. 流程型课程结构

（1）操作顺序型

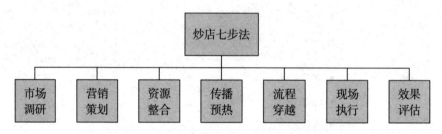

图4-9　操作顺序型课程结构示意

（2）Why-What-How

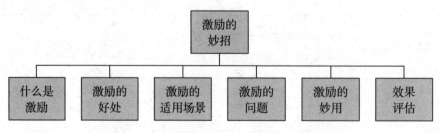

图4-10　Why-What-How型课程结构示意

3. 情景型课程结构

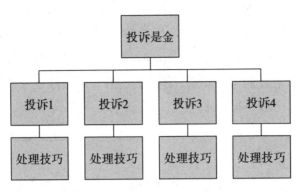

图 4-11 情景型课程结构示意

思考练习：画出你想开发的一门课程的课程结构

第五节 教学策略——给课程注入活力

由于年龄、心理、生理、环境等方面的差异，成人具有与儿童和青少年学生不同的学习特征。例如，在心理层面，成人的理解能力优于背诵；在生理层面，成人的生理条件随着年龄增加而逐渐退化，可能引起对学习的负面影响；在社会层面，成人扮演着多元角色，使其在学习过程中容易遇到障碍，如职业变动。

一、成人的学习特征

（一）学习的自主性较强

在成人的学习活动中，学生的自主性和独立性较强，学生对教师的依赖性降低，学生具有较强的个人意识和个人责任感，能够自己选择学习内容、制订学习计划，关于教学的任何决定，都希望教师能够与他们事先协商。

（二）个体生活经验对学习活动具有较大影响

成人在学习活动中更多地借助自己的经验来理解和掌握知识，而不是以教师的传授为主。成人的这一特点对其学习活动有如下特殊意义：

1. 成人的已有经验与新知识、新经验的有机结合使成人的学习更加有效和有意义。

2. 在学习活动中，成人本身就可以被当作学习资源，这种资源既能为自己也可以为他人所用。

3. 成人的经验有时会形成某种学习定势而对学习产生消极影响。

（三）注意力不易集中

成人在学习时会受到很多干扰，如上课时的工作电话、工作邮件，以及手机信息等，很容易走神，成人的注意力集中时间一般为 8 分钟左右。

（四）学习任务与其社会角色和责任密切相关

成人的学习任务已经由儿童、青少年时期的以身心发展为主转变为以完成特定的社会责任、达到一定的社会期望为主。对成人而言，学习任务是促使其更有效地完成他所承担的社会责任、提高社会威望，学习往往会成为他们职业生涯或生活状态的一个转折点。因此，这种学习具有更强的针对性，且学习动机较强。由此可见，了解成人学习者的各种学习需要在成人教学中非常重要。

（五）问题中心或任务中心为主的学习

儿童和青少年的学习目的指向未来的生活，而成人学习的目的则在于直接运用所学知识解决当前的社会生活问题。因此，成人学生更喜欢问题中心或任务中心的学习。教育活动对成人是一个十分明确的学以致用的过程，他们能够针对社会生活中的具体问题进行学习，并具有通过学习解决实际问题的强烈愿望。

二、教学方法

教学方法论由教学方法指导思想、基本方法、具体方法、教学方式四个层面组成。教学方法包括教师教的方法（教授法）和学生学的方法（学习方法）两大方面，是教授方法与学习方法的统一。教授法必须依学习法而定，否则便会因缺乏针对性和可行性而不能达到预期目的。但由于教师在教学过程中处于主导地位，所以在教法与学法中，教法处于主导地位。

（一）中外对教学方法的不同界定

由于时代、社会背景、文化氛围的不同，以及研究者研究问题的角度的差异，中外不同时期的教学理论研究者对"教学方法"概念的界说不尽相同。

（二）不同教学方法之间的共性

1. 教学方法要服务于教学目的和教学任务。
2. 教学方法是师生双方共同完成教学活动内容的手段。
3. 教学方法是教学活动中师生双方的行为体系。

（三）教学方法的内涵重点

教学方法，是教学过程中教师与学生为实现教学目的和教学任务要求，在教学活动中所采取的行为方式的总称。

教学方法的内在本质特点：

1. 教学方法体现了特定的教育和教学的价值观念，它指向实现特定的教学目标要求。
2. 教学方法受特定的教学内容的制约。
3. 教学方法受具体的教学组织形式的影响和制约。

（四）国内外典型教学方法对比

国外比较典型的教学方法代表有威斯顿、格兰顿，国内比较典型的代表有李秉德及黄甫全教授，我们选取几位代表性人物及其教学方法分析比较。

表4-18　国内外教学方法对比

国外代表：威斯顿、格兰顿	国内代表：李秉德
主要依据：依据教师与学生交流的媒介和手段	主要依据：按照教学方法的外部形态，以及相对应的这种形态下学生认识活动的特点
• 教师中心的方法，主要包括讲授、提问、论证等方法 • 相互作用的方法，包括全班讨论、小组讨论、同伴教学、小组设计等方法 • 个体化的方法，如程序教学、单元教学、独立设计、计算机教学等 • 实践的方法，包括现场和临床教学、实验室学习、角色扮演、模拟和游戏、练习等方法	• 第一类方法：以语言传递信息为主的方法，包括讲授法、谈话法、讨论法、读书指导法等 • 第二类方法：以直接感知为主的方法，包括演示法、参观法等 • 第三类方法：以实际训练为主的方法，包括练习法、实验法、实习作业法 • 第四类方法：以欣赏活动为主的教学方法，如陶冶法等 • 第五类方法：以引导探究为主的方法，如发现法、探究法等

三、教学策略

教学策略是教学心理学中的术语。广义上既包括教的策略又包括学的策略，而狭义则专指教的策略，属于教学设计的有机组成部分，即在特定教学情境中为完成教学目标和适应学生认知需要而制订的教学程序计划和采取的教学实施措施。

教学策略是教学设计者为促进学习而使用的工具适配技术。教学设计者应当选择那些能最有效地完成特定学习目标的教学策略，以便为每个学员提供最佳的学习环境。

教学策略包括教学方法、教学事件、时间分配、教学素材和教学道具。

四、常见教学方法的属性对比

每一种教学方法都有其适应性，且各有优劣，我们可以根据教学内容的不同选择不同的教学方法。

表 4-19　各种教学内容的开发维度对比

活动 维度	阅读	讲授	测试	研讨	案例	示范	练习	角色 扮演	实践 模拟	游戏
开发时间	短	短	中	中	中	中	中	中	高	高
开发成本	低	低	低	低	中	低	低	低	高	高
复杂程度	低	低	低	中	中	中	低	高	高	高
经验依赖	低	高	低	高	高	高	中	中	高	高
互动	低	低	中	中	高	高	中	高	高	高
增强更高 层次学习	低	低	中	中	中	高	中	高	高	高
课堂环境	低	低	低	中	低	中	不定	高	高	高
设备支持	低	低	中	中	低	中、高	不定	低	高	中—高
操作时间	低	低	中	中	高	中	中	中	高	中—高

五、学习能力与意愿的关系

我们可以发现，不同的教学策略对应的学习意愿和对学习能力的要求是不尽相同的，研讨法、案例教学法和自我学习对学习意愿和学习能力的要求均较高，而讲授法、视听法和游戏法的学习意愿和对学习能力的要求均较低。

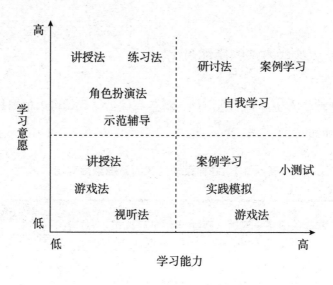

图 4-12 学习能力与学习意愿的对比

主动学习（Active Learning）：一种学习策略，包括在做中学，以及给学习者提供有意义的听、说、读、写练习，并对教学内容进行反思。

学习金字塔是一种现代学习方式的理论，它用数字形象地显示了：采用不同的学习方式，学习者在两周以后还能记住内容（平均学习保持率）的多少，最早于 1946 年被提出。

图 4-13 戴尔学习吸收率金字塔

六、教学方法与教学内容的匹配

不同类别的知识对教学方法的选择有所不同，我们可以根据教学内容和教学目标的不同，选择不同的教学方法，参见下表。

表 4-20　教学内容与教学活动适配

知识类	技能类	态度类
• 阅读 • 讲授 • 学员测试 • 案例分析	• 讲授 • 学员测试 • 分组研讨 • 案例分析 • 示范演示 • 学员练习 • 角色扮演 • 实践模拟 • 游戏	• 学员测试 • 分组研讨 • 案例演示 • 角色扮演 • 游戏

七、内容与方法搭配

常用的教学方法在不同内容之间的对应关系不同，我们可以通过以下的示例弄清它们彼此之间的关系。

表 4-21　教学内容与教学方法适配

呈现学习内容分类	教学方法	举　　例
呈现原理	图片 + 说明 + 故事	马斯洛需求理论
	提问	FABE

呈现学习内容分类	教学方法	举　例
呈现概念	选择题＋为什么	什么是潜在客户
	图表＋说明	如何进行萃取
	描述＋例子	什么是量子物理
	图形＋选择题	什么是宽带薪酬
	图表＋阅读材料	绩效相关分析
	网络图	小明的关系网
呈现事实	图片、视频	安全驾驶
	图表＋案例	月度经营分析
呈现技能	案例＋图表（视频）	操作仪器四步法
	故事＋问题＋图表（视频）	如何销售四合院
呈现态度	视频＋故事	小李的异军突起
	数据＋视频	新人小周的蜕变
……	……	……

八、教学"心电图"

不同的教学方法可以在不同的时间段应用，同一种教学方法也可以进行多次应用，教学方法的应用取决于与该内容最佳的匹配形式，能帮助学员理解学习内容，并且能实现我们的教学目标。教学活动穿插在教学的每一个环节，使得我们的教学内容与教学活动交相辉映，就像心电图一样，一定是波澜起伏的，否则就会显得枯燥乏味。

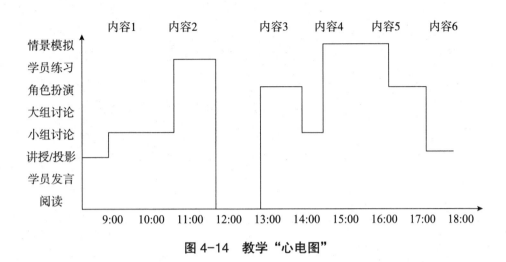

图 4-14　教学"心电图"

思考练习：画出你想开发的一门课程的"心电图"

教学活动	内容 1	内容 2	内容 3	内容 4	内容 5	内容 6	内容……

第六节　教学设计——融编导演于一体

一、教学事件

经过设计的、外化于学习者的一套支持内部学习过程的事件，就称为教学事件。教学事件的最一般的目的是安排学习的外部条件，作用是激活学习者的内部信息加工过程。[9]

加涅，美国教育心理学家，原是经过严格行为主义心理学训练的心理学家，在学术生涯的后期，他吸收了信息加工心理学的思想和建构主义认知学习心理学的思想，形成了有理论支持也有技术操作支持的学习理论。这一理论解释了大部分课堂学习，并提出了切实可行的教学操作步骤。他是信息加工学的代表人物，基于"为学习设计教学"，提出了"九大教学事件"，适用于各门学科和各级各类学校学生的学习。

表 4-22　加涅的"九大教学事件"

教学事件	学习影响
1. 引起注意	激发和维持学习者的动机
2. 告知学习者目标	传达对学习者表现出的知识和技能的一种期望
3. 联系以前的经验或知识	在已学习知识的基础上进行建构
4. 内容呈现	将要学习的内容传输给学习者
5. 提供学习指导	为学习者提供将已知的内容与所学内容之间建立联系的支持
6. 引出行为表现	让学习者展示"他们知道如何做"
7. 提供行为表现正确性的反馈	向学习者提供其行为表现是否正确的反馈
8. 测量行为表现	测量学习结果
9. 促进、保持和迁移	促进学习者对所学知识的记忆保持和应用于实际的能力

二、教学事件与教学活动的关系

每一个教学内容都可以匹配对应的教学活动，每个教学活动都应该使用对应的教学素材，并将教学素材适配到我们的教学事件中去。

表 4-23　教学"三要素"适配

要素一 教学事件	要素二 教学活动		要素三 教学素材
引起注意	• 用新颖、新奇或出人意料的方法介绍课程 • 把学员直接引入课程中较特别的或有吸引力的故事或图片中	• 一个笑话 • 一个热点话题 • 一个冲突 • 一张图片 • 一个悬念 • 一个认知挑战	• 数据、录像、新闻、图片、案例、故事、测试题
联系旧知	• 引导学员回忆已有的相关知识或经验 • 说明新旧知识的关系	• 提问、案例分析、视听、测试 • 陈述、比喻、图示	• 问题、案例、录像、测试题、图片、图表
内容呈现	• 分层次讲授概念 • 展开角色扮演活动	• 讲授、角色扮演、练习、案例分析	• 案例、角色模拟材料、练习题
评估反馈	• 形成性评价 • 总结性评价	• 自由发言分享、辅导反馈、测试、观察评估	• 辅导指引、测试题、观察量表

三、教学时间分配

（一）突出培训的内容重点

把时间花在重点知识点上讲透，并且使学员进行充分练习，使培训重点明确、层次分明。

（二）少讲授，重应用

从成人的学习特点出发，通常，讲师应用 1/3 左右的时间呈现课程内容，2/3 左右的时间应用（即练习）和提供反馈。

（三）持续总结，增强记忆

每单元或是上下午的课程内容讲授完毕后，讲师要预留 10 分钟时间进行知识点的总结和回顾。

（四）持续刺激，提升注意力

鲍勃·派克被誉为"培训师的培训师"，自 1969 年起，便一直致力于开发培训与绩效改进项目。

通过对 25 个国家的 75000 人进行访问，他对学员的特质进行了一系列的分析，发现人们更愿意在与他人互动中学习。其中受访人群的 50% 属于实践型的学习者，如果他们无法立即运用所学知识，就会选择放弃学习；而另外 50% 的信息型的学习者则不在乎知识是否有用，只要有趣就会学习。

在实际的授课过程中，将近 80% 的学员都表现出了实践型学习者的特点。因此，笔者教授创新培训技巧（CTT）的原则是"由讲师主导，以学员为中心"，这样，学员才能达到最佳的学习状态。

CTT 是我们团队从成人学习特点的角度出发研发的课程，其中 90—20—8 法则被誉为"黄金法则"：我们发现成人能够保持认真听课并消化课程内容的时长为 90 分钟，其中注意力高度集中的状态只能维持 20 分钟。同时，每过 8 分钟就需要组织学员开展课堂讨论，让他们参与其中，吸引学员的注意力，调动他们学习的主动性。

（五）考虑时间、素材资源的实际状况

讲师要根据时间资源来合理安排教学，考虑所用到的教学素材的复杂性和使用时长。

四、教学素材与教学活动

讲师要注意，教学素材的设计开发要与教学活动相匹配。

表 4-24　讲师与学员在教学活动中的分工

对象	阅读	讲授	学员测试	分组研讨	案例分析	示范演示	学员练习	角色扮演	实践模拟	游戏
讲师	• 阅读使用指引	• 图片 • 图表 • 挂图 • 视频 • 音频 • 故事 • 漫画 • 笑话	• 评分 • 测试结果解读指引	• 研讨流程实施指引 • 研讨学习的反馈点	• 案例分析实施指引 • 案例学习的反馈点	• 示范演示情景脚本 • 示范演示学习的反馈点	• 练习实施指引 • 练习学习的反馈点	• 角色扮演实施指引 • 角色扮演学习的反馈点	• 实践模拟实施指引 • 实践模拟学习的反馈点	• 游戏操作指引 • 游戏学习的反馈点
学员	• 课前预习材料阅读 • 课堂辅助材料阅读 • 课程辅助书籍推荐	• 学员手册 • 课堂学习记录	• 测试问卷 • 测量量表 • 测试 • 测试结果解读	• 研讨主题背景材料 • 研讨 • 研讨成果记录	• 案例 • 案例分析 • 案例分析记录	• 观察记录	• 习题练习辅助材料	• 角色扮演脚本 • 角色扮演观察表及辅助材料	• 实践模拟情景 • 操作任务指引	• 游戏操作指引

五、道具应用

　　培训道具是帮助讲师和学员参与教学活动的补充素材，这些道具能让学员更加投入，使学员在参与的过程中"温故知新"。视觉符号、文字、少量的插图，有时不具备描述清楚事件或呈现情绪的能力，而教学道具则能让学员有更多直观的学习体验。

表 4-25　教学道具在课程中的应用示例

培训课程示例	教学方法	教学道具
情报收集	场景模拟	眼罩、情报贴、电脑
时间管理	沙盘体验	沙子、石头、水、水桶
换位思考	帽子游戏	不同颜色的帽子
阳光心态	黑暗中的体验游戏	音乐、地毯坐垫
……	……	……

道具的使用需要考虑对象特征、课程目标、教学方法、环境资源等要素：

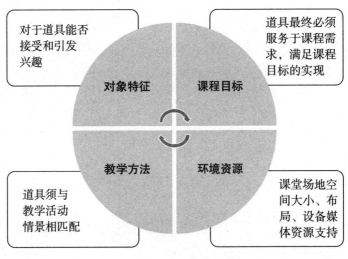

图 4-15　教学道具四要素

六、完整的教学设计思路

一个完整的教学思路不仅会考虑教学目标，还会考虑如何设计开场、教学单元中的教学方法，以及收尾，并通过教学策略实现教学目标。

表 4-26 完整的教学设计思路

课程目标	开 场	教学单元	收 尾	教学策略
• 输入	• 引起注意—暖场破冰 • 告知目标—目标介绍 • 建立关联—基础知识导入	• 引起注意—故事、案例 • 内容呈现—讲授、视听 • 引导行为—练习、角色扮演、实践模拟 • 行为反馈—点评、练习结果反馈	• 测量行为—学习效果现场测验 • 保持迁移—课程总结、布置课后行动计划	• 输出

思考练习：请补全下表，完成一份你计划开发的课程的教学策略

课程名称			目标学员		课程时长		开发人员	
课程目标	知识目标							
	技能目标							
	情感目标							
模块教学目标	模块教学事件	一级目录	二级目录	三级目录	教学方法	时长	教学素材	道具

第五章

点石成金　材料显化

课前思考

- 为什么需要教学材料?

- 什么是课程大纲?

- 演示材料有什么用?

- 讲师手册和演示材料有什么差别?

- 什么是学员手册? 学员手册有什么用处?

第一节　完整演绎——课程核心要件

一、课程开发类别

一般情况下, 课程开发有两种典型的开发形式。

(一)讲师个人完成课程开发

讲师以个人的名义进行课程开发, 即讲师自己收集素材, 自己做访谈, 自己做材料整理, 以及自己准备教学活动和道具。个人完成课程开发的效率高, 但可能会存在对素材考虑不周的情况, 是否具有典型性和代表性, 尚需要进一步的考虑。

（二）成立专题课程开发小组

成立专题课程开发小组，选出组长，做好分工，可以集思广益，能很好地收集素材，做调研和访谈，最大限度地发挥小组优势。但如果组长对进度把控不力的话，可能会出现"窝工"行为，导致名义上是小组开发，实际上成了组长一人开发。

二、场景回顾

在以往进行课程开发的过程中，你存在以下问题吗？

- 整篇 PPT 都是动画或文字。
- 直接拿授课 PPT 当学员手册。
- 随机设定如何讲，没有严谨完整的教学计划。
- 缺乏授课素材，仅有理论知识，缺乏案例、练习题等。
- 素材收集缺乏针对性，不知道如何编写适用的素材如设计案例、练习题等。
- 授课 PPT 像是产品方案，缺乏生动性和互动性。
- 缺乏课程测试材料的支持，没有对学员知识点掌握情况的测试和反馈。

三、课程包

课程为了更好地讲授课程，我们需要有好的载体。一般情况下，课程包主要包含课程大纲、授课 PPT、讲师手册和学员手册。

当前市面上关于内训师的培训很多，通常我们叫 TTT。TTT 是国际职业训练协会（IPTA–International Professional Training Association）的培训师认证课程，国际职业培训师标准教程（Training the Trainer to Train）的英文缩写。

很多培训管理者对课程开发的成果界定不清，下面梳理一下思路。

一般情况下，做课程开发，输出的结果通常包含以下内容：课程大纲、讲师 PPT、讲师手册和学员手册，有的还包含课程说明书及案例。

（一）讲师 PPT

讲师 PPT 又叫讲义 PPT，讲义是讲师授课的载体，方便讲师和学员从视觉上就内容达成一致。它能帮助初级讲师克服紧张情绪，当然也有可能会造成照本宣科的不利现象。随着讲师对课程内容的熟悉，讲师将逐步压缩 PPT 的篇幅，将更多的时间花在对学员的启发与疑问的解答上。

（二）讲师手册

讲师手册是对讲义 PPT 的补充说明，是讲师对授课内容的备注，同时也是讲师的备课材料，目的是帮助讲师更好地掌控每个模块甚至知识点需要花费的时间、需要使用的教学策略，以便多个讲师在讲同样的内容的时候使用同样的标准。

讲师手册一般分简版和详版两种。简版的讲师手册是在 PPT 上做备注，这样便于提示讲师，不至于单独制作一本手册，实现了合二为一，既节省了时间，也节省了空间，还节省了成本。详版的讲师手册一般是用 Office Word 制作的，主要包含课程内容的截图、讲解的先后顺序、使用的教学手段和策略，以及所需要花的时间。

从经济的角度，我们推荐使用简版的讲师手册，但从资料完整性的角度，我们推荐使用详版的讲师手册。国内商业讲师用的大多是简版的讲师手册，后者比较少。

（三）学员手册

学员手册就是我们通常说的教材，学员拿着教材，不但知道整个培训的安排，还能知道课程的内容，便于学员温故知新。

（四）案例

案例是教学材料的一部分，是讲师为了对内容进行更清楚的佐证而设计的一个教学环节。案例严格来说属于教学辅助材料部分，辅助的形式有很多，案例只是其中的一种。案例从形式上可分为视频、音频、图文案例，一般情况下，视频类案例要求清晰度要高，且不超过 10 分钟，否则就成"看电影"了。音频类案例一般用得比较少，在呼叫行业应用得会比较普遍。图文案例，讲师在使用时通常会包含 5W2H：讲师会设计一个两难情境，启发学员去思考，让学员阐述自己的观点，然后讲师对学员的观点加以点评，引出自己的见解。

综上所述，课程包是保证课程由无形变有形的一个过程，同时也是组织智慧由非结构化变结构化的过程。企业可以根据自己的实际情况，在开发的过程中灵活运用，不必拘泥。

第二节 课程导航——课程解读说明

一、课程说明书的定义

课程说明书是课程概要，是开发者为了让他人快速了解课程而对课程做的一个说明，类似产品说明书，提纲挈领，简明扼要。但课程说明书的很多内容可能都分散在了课程大纲、讲师 PPT 和学员手册中，通常情况下，课程说明书包含以下内容。

表 5-1 课程说明书

课程编码	……
课程名称	……
开发人	……
学习方式	……
开发日期	……
课程分类	……
培训对象	……
核心讲师	……

续表

关键词	……
学习目标	……
课程学时	……
课程简介	……
课程大纲	……
课程案例	……

一般很少会有企业专门做课程说明书。

二、课程说明书的好处

（一）快速了解主旨

未接触过这门课程的人可以通过说明书，快速了解课程的主要内容和课程学习的收益，便于学习者和管理者第一时间实现信息互通。

（二）对课程进行编码

当组织内部的课程多了之后，就需要对课程本身进行有效检索，在检索过程中，可能需要对关键词和课程类别进行有效登记，而课程说明书就是一个很好的工具，能帮助档案管理者对课程进行有效的编排。

 思考练习：请试着填写你即将开发的一门课程的说明书

课程编码	
课程名称	
开发人	
学习方式	

续表

开发日期	
课程分类	
培训对象	
核心讲师	
关键词	
学习目标	
课程学时	
课程简介	
课程大纲	
课程案例	

第三节　课程大纲——课程定位导航

一、课程大纲的定位

课程大纲是在明确了培训主题和培训对象之后，对培训内容和培训方式的初步设想。大纲为课程设定了框架，整个课程将围绕着这个框架一步步充实和延伸，课程大纲还给出了本课程的主要内容和学习方向。

课程大纲是对课程的目标、学习对象、课程内容、教学方法、学习时长的说明，是帮助学员快速了解课程信息的缩略图。一般包含四个部分，即大纲填写说明、大纲封面、课程描述和章节索引。随着行业趋势的发展，有的企业不要求做大纲，而是做思维导图，但这异曲同工，只是换了种表现形式。

课程大纲是课程开发材料的第一关，只有想好了课程内容及其方向，方可进行其他教学材料的开发。

二、大纲填写说明

（一）大纲目的

课程设计思想的具体描述，课程开发的整体指导。

（二）编写目标

完成课程的"四定"：定目标、定内容、定方法、定考核。

（三）大纲内容

课程内容的来源与学习分析和差距分析的标准，内容纲要需要精确到三级目录。

（四）培训方法

讲师要根据学习内容类型、重要性和学习难度，选择可以保证学员达成学习目标的培训方法，主要的培训方法如下：

- 知识类：举例子、讲故事、打比方、作对比、讨论等。
- 人际技能类：录像示范、讲师示范、典型案例分析、角色扮演等。
- 操作技能类：录像示范、讲授示范、模拟练习、实际操作练习等。
- 智慧技能类：典型案例分析、讲授、模拟练习等。
- 观念态度类：演讲、角色扮演、参观、优秀人士讲座、典型案例分析、自我体验等。

（五）考核方式

主要分为纸笔测试和操作测试，纸笔测试主要测试知识；操作测试（角色扮演、模拟测试、实际操作测试等）主要测试技能。

（六）时间分配

讲师要预估出每一个章节的时间分配和安排。

图 5-1 课程大纲封面示意

三、大纲编写

在大纲编写的过程中，由于素材众多，建议大家用思维导图软件来整理和归类素材，这样会更加方便快捷，也便于对课程结构进行快速调整。

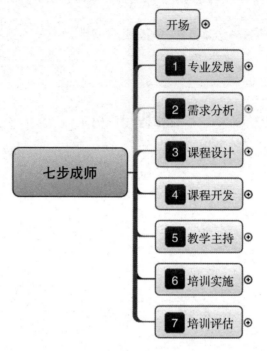

图 5-2　课程大纲编写"七步成师"示意

四、大纲封面

课程大纲的封面一般比较简单，包含四个元素，首先是单位的 logo，其次是课程名称和填制日期，一般还会加入课程的二维码。

五、课程描述

课程描述一般包含课程基本信息、课程简介、培训目标、参考资料、设施要求几个方面，详情参见下表。

表 5-2 课程描述

一、基本信息			
培训对象		课程名称	
培训方式		考核方式	
培训课时		最佳人数	
二、课程简介			
三、培训目标			
• 任务目标			
• 知识目标			
四、参考资料			
五、设施要求			

六、章节索引

章节索引的目的是帮助大家快速了解每个章节的时间分配、主要讲授的课程内容及培训方法，一般情况下我们在做课程大纲的时候至少要做到二级目录，部分要求做到三级目录。目录是对课程的快速定位，也是学员快速了解自己要学习的内容的途径。

表 5-3　章节索引

章节目录	培训方法
1. 第一章 ×××××××××（×× 分钟）	
1.1	
2. 第二章 ×××××××××（×× 分钟）	
2.1	
3. 第三章 ×××××××××（×× 分钟）	
3.1	
4. 第四章 ×××××××××（×× 分钟）	
4.1	

思考练习：请试着填写你即将开发的一门课程的课程大纲

一、基本信息			
培训对象		课程名称	
培训方式		考核方式	
培训课时		最佳人数	
二、课程简介			
三、培训目标			
四、参考资料			
五、设施要求			

章节目录	培训方法
1. 第一章 ×××××××× （×× 分钟）	
2. 第二章 ×××××××× （×× 分钟）	
3. 第三章 ×××××××× （×× 分钟）	
4. 第四章 ×××××××× （×× 分钟）	

第四节　讲师 PPT——课程内容载体

一、讲师 PPT 的作用

讲师 PPT 是讲师为了实现教学目标，在课程讲授中运用的与学员交流的主要工具之一，当然也有人用 Keynote。不论用哪种软件，都是为了更好地呈现课程内容，帮助学员理解和掌握课程内容。

PPT 不仅能呈现声音、动画，还可以播放视频，能使学员多维度地品味学习内容，让学习变得不太枯燥。

二、讲师 PPT 的构成

讲师 PPT 一般会包含封面、目录、内容页及单元小结和内容回顾五个部分，部分讲师 PPT 融合了讲师手册的内容，会将部分讲授的内容放在备注里面，可以节省讲师单独编制讲师手册的时间。

图 5-3　讲师 PPT 内容及顺序

讲师授课 PPT 制作的时候通常容易出现以下几方面的问题：

（一）目标不清

我们需要根据之前在课程开发里学的 ABCD 法则对目标进行审核，看是哪个环节出了问题，如果是对象不清晰，我们建议重新调整对象；如果是行为描述不清楚，我们建议对行为进行更加具体的描述；如果是条件描述得不清楚，我们就要考虑学员是在什么样的条件下开展活动的，如果是程度描述不清楚的话，我们建议重新确定标准，让学员能够很清晰地知道学习后能达到的程度。

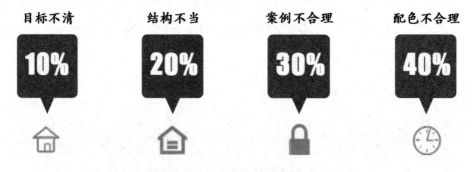

图 5-4　讲师 PPT 中容易出现的问题

（二）结构不当

我们建议根据课程的四种常见结构进行调整。

（三）案例不合理

1. 案例过时

案例过时指的是当前的工作流程和工作手段已经和案例里面阐述的内容

不一致，导致大家觉得观点过时，不能得到很好的启发。

2. 案例未提炼

案例未提炼指的是讲师在制作 PPT 时未对案例里面的一些人物姓名做处理（尤其是负面案例），也没遵循 5W2H 原则，平铺直叙，没有重点，导致大家看了不知道该案例要说明什么观点。

三、结构化表达的五大原则

（一）自上而下：演绎

开门见山，说明课程内容，再层层展开。"演绎"是铺陈、表现的意思，其基本意义是从前提必然地得出结论的推理；是从一些假设的命题出发，运用逻辑规则导出另一命题的过程，由一般原理推演出特殊情况下的结论。

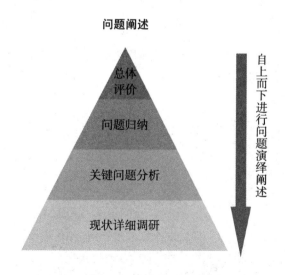

图 5-5　问题阐述的顺序（自上而下）

我们以分析过程及推理过程为例，来看下"演绎"在课程开发中是如何进行应用的，详见下图。

分析过程：

事实	分析过程	结论
结果是……	原因是……	我们应该……

沟通过程：

结论	分析论证	下一步行动
结果是什么？	为什么是这样的结论？	下一步应该怎么做？

图 5-6　"演绎"在课程开发中的应用

（二）自下而上：归纳

当我们需要表述观点时，可以采用自下而上的方式。"归纳"是先提出观点，再对观点进行总结和归类，归拢并使其有条理（多用于抽象事物），也指一种推理方法，即由一系列具体的事实概括出一般原理（跟"演绎"相对）。

问题归纳

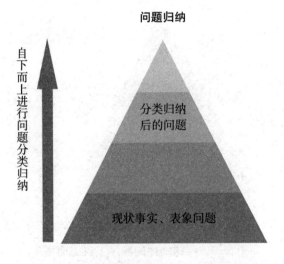

图 5-7　问题阐述的顺序（自下而上）

"归纳"与"演绎"之间的关系可以通过下图看出来，二者之间既有联系，又有区别。

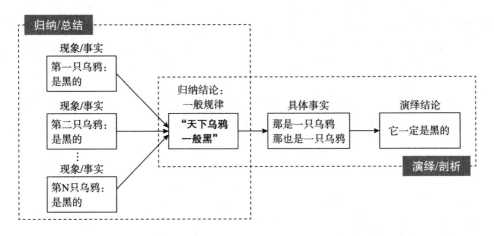

图 5-8　"归纳"与"演绎"的关系

表 5-4　"归纳"与"演绎"之间的利弊对比分析

类别	利	弊
归纳	● 用事实、数据说话 ● 对注重"眼见为实""用事实说话"的听众较为有效 ● 论据互相支撑，局部被否定并不影响整体的说服力	● 现象、样本少或者不可靠时，说服力不强
演绎	● 证明内容和必然选择（没有其他选择） ● 对有拒绝心理的听众非常有效	● 如果听众对初始规律有异议，该论证也就失去了说服力

（三）层次清晰

1. 概念外延的几种关系

（1）全同

全同关系是指两个概念的外延完全重合的关系。例如：A. 中国境内最长的河流。B. 长江。那么 A 和 B 就是全同关系。妈妈和母亲、爸爸和父亲，都属于"全同"关系。

（2）交叉

交叉关系是指一个概念的部分外延与另一个概念的部分外延重合的关系。

例如：A.学生。B.团员。那么 A 与 B 就是交叉关系，学生中可能有团员，团员之中也可能有学生。

（3）属种与种属

传统逻辑把真包含于关系和真包含关系统称为属种关系。其中外延大的概念叫属概念，外延小的概念叫种概念。真包含于关系和真包含关系有一个前后顺序的问题，而属种关系不考虑前后顺序的问题。

（4）全异

全异关系是指两个概念的外延没有任何一部分重合的关系。例如：学生与刀，书本与月亮。

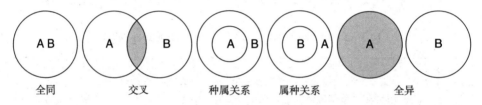

图 5-9　概念外延的几种关系

2. MECE 原则

在给学员做课程开发时尽量不要出现"交叉、种属、属种"这三种情况，一旦出现就会使学员感觉逻辑混乱。所以在做课程素材排布的时候尽量用 MECE 原则对素材进行逻辑梳理。

MECE 分析法全称 Mutually Exclusive Collectively Exhaustive，意思是相互独立，完全穷尽。也就是对于一个议题，要能够做到不重叠、不遗漏地分类，而且能够借此有效把握问题的核心，和解决问题的方法。

所谓的不遗漏、不重叠是指在将某个整体（不论是客观存在的还是概念性的整体）划分为不同的部分时，必须保证划分后的各部分符合以下要求：

（1）各部分之间相互独立（Mutually Exclusive）

（2）所有部分完全穷尽（Collectively Exhaustive）

相互独立意味着问题的细分是在同一维度上的，并有明确区分、不可重叠，完全穷尽则意味着全面、周密。

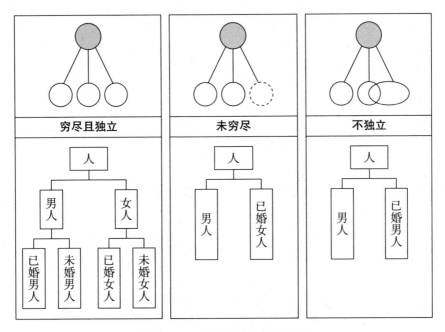

图 5-10　MECE 原则及示例

（四）结构简单

大脑偏爱简洁，因此我们要根据金字塔原理来设计课件，课件主要包含封面页、目录页、转场页、内容页、总结页、结束页。

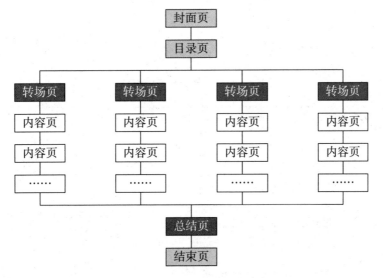

图 5-11　根据金字塔结构设计的课件

最简单的结构、最容易记忆的结构是"三",即将一个中心议题从三个方面展开,使"三点"之间有清晰的逻辑关系。

(五)重点突出

我们的内容需要遵循二八定律,即用 80% 的时间和内容来呈现重点内容。

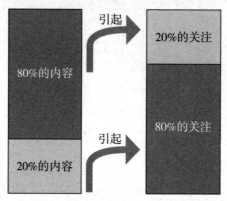

图 5-12　二八定律在课程设计中的应用

四、PPT 的素材

除了自身的内容素材以外,我们还需要找一些其他的素材来美化 PPT,让 PPT 看起来更加美观和大方。

(一)PPT 模板获取

表 5-5　常见模板获取网址

序号	类型	网站名称	链　接	说　明
1	素材	51PPT	http://www.51pptmoban.com	能根据不同的场景和背景色选择模板,可以预览
2		资料库	http://www.zlcool.com/s/cheng/	按照通用、行业、节日、颜色风格来进行 PPT 模板的选择
3		第1PPT	http://www.1ppt.com/	按照通用、行业、节日、颜色风格来进行 PPT 模板的选择
4		演界网	http://www.yanj.cn	专业公司出品的 PPT,并且每年会有 PPT 比赛,会有大量的 PPT 获奖作品

（二）PPT 图片获取

当 PPT 的文字过多、缺乏结构图时，可以配上部分图片，它能帮助学员更好地理解我们要阐释的知识点。

表 5-6　常见图片获取网址

序号	网站名称	链　接
1	fibrestock	http：//librestock.com
2	unsplash（花瓣）	http：//huaban.com/boards/16041757/
3	Forwallpaper	http：//cn.forwallpaper.com
4	全景网	http：//www.quanjing.com
5	pixabay	https：//pixabay.com/zh/
6	淘图网	http：//www.taopic.com
7	矢量图	http：//www.easyicon.net
8	LOGO	http：//www.easylogo.cn/
9	千图网	http：//www.58pic.com
10	素材中国	www.sccnn.com
11	图片尺寸优化	http：//www.secaibi.com/tools/

（三）PPT 工具

PPT 制作的工具有很多，有辅助制作电子课件的，有压缩图片的，还有制作动画的，它们都属于 PPT 的附属工具。

表 5-7　PPT 常见工具分析

序号	名　称	链接 / 说明
1	PTT 美化大师	适合 WinXP/Vista/Win7/Win8/Win10 操作系统使用，可以灵活选择模板，配色及各种形状自由切换，让你的 PPT 操作起来随心所欲。美中不足的是不能在苹果系统中使用。

续表

序号	名　称	链接 / 说明
2	Flat Surface Shader	http：//wagerfield.github.io/flat–surface–shader/ 可制作多维动态背景图。
3	Echarts	http：//echarts.baidu.com/examples.html 多形态的图表模板，方便快捷。
4	图表秀	http：//www.tubiaoxiu.com 多形态的图表模板，方便快捷。
5	weavesilk	http：//weavesilk.com
6	锐捷	帮助在 PPT 与 PDF 之间进行格式转换。
7	PPT Minimizer	PPT 压缩工具。
8	硕鼠	http：//www.flvcd.com 能帮助我们快速下载想要的视频。
9	teorex	能帮助我们快速去掉水印
10	字体网	http：//www.qiuziti.com 能下载多种字体，帮助我们实现部分内容的排版 美化。
		http：//font.knowsky.com/
		http：//www.goodfont.net/
11	创客贴	http：//www.chuangkit.com/index.html 平面设计素材网站。

五、PPT 母版

PPT 母版，是存储有关应用设计模板信息的 PPT，包括字形、占位符大小或位置、背景设计和配色方案。母版的操作路径为：视图—幻灯片母版。

1.PPT 结构

PPT 的结构包含总版和版式两部分，母版一般用来设置每页出现频率最高的元素，如 logo、页码、标题栏等。版式可自由灵活地设计与使用，其功能随着个人 PPT 技能的娴熟而逐渐被开发出来。

2. 母版编辑

进入总版之后开始编辑，对标题栏进行美化。美化有很多种形式，一般在右上角插入公司的 Logo，将页码放在右下角。通常，讲师在做课件的时候不用编辑模板，组织一般都有固定的 PPT 模板，直接拿来套用，在不同的内容页选择不同的版式即可。

3. 版式选择

版式是指不同版面的不同排版方式，我们根据结构的不同，可以选择不同的排版版式。版式的操作路径为：开始—版式。

不同的版式所承载的内容是不一样的，可以根据自己的内容来选择版面。

4. 标题导航

我们在做 PPT 的时候，要使学员看到每一页都能知道上一级目录是什么，能很清晰地定位内容所在位置。每一个内容页，都应有明确的一级标题、二级标题甚至三级标题，和导航条类似。这样，就可以让学员随时了解当前内容在整个 PPT 中的位置，仿佛给 PPT 的每一页都安装了一个定位。这样，学员就能牢牢地跟上 PPT 表述者的思路了。

标题栏是一个 PPT 主要风格的体现，设计要点如下：

（1）各章节共同部分在母版中"Office 主题"上设置，具体章节标题根据需要，选择是否在母版中设置；

（2）如果 PPT 课件的逻辑层次较多，则标题栏至少要设计两级标题，多的可以设计三级；

（3）标题栏一定要简约、大气，最好能够使用设计感的或商务风格；

（4）标题栏上相同级别标题的字体和位置要保持一致，不要把逻辑搞混。

第五节　色彩运用——重点突出法宝

一、认识色彩

色彩是最能引起我们共同审美愉悦的、最为敏感的、最有表现力的形式要素之一，因为它的性质直接影响人们的情感。

表 5-8　PPT 色彩名词释义

名　词	释　义
色相	色彩的相貌。
饱和度	色彩的鲜艳程度，也称色彩的纯度或彩度。
亮度	颜色的亮度，越亮越接近白色，越暗越接近黑色。
三原色	电脑屏幕的色彩是由 RGB（红、绿、蓝）三种色光合成的，可通过调整这三个基色调校出其他的颜色。许多图像处理软件都提供色彩调配功能，可通过输入三基色的数值来调配颜色，也可直接根据软件提供的调色板来选择颜色。
三间色	由两种原色构成的颜色，指橙、绿、紫色。
复色	由原色和间色混合而成的颜色。

根据人们的心理和视觉判断，色彩有冷暖之分，可分为三个类别：暖色系（红、橙、黄等）、冷色系（蓝、绿、蓝紫等）、中性色系（绿、紫、赤紫、黄绿等）。

二、色彩的注目性

我们可以通过色卡来辨别色彩的注目性。不难看出，在 PPT 中，灰色的注目性相对来说偏低，而绿色和蓝色一般，橙色和红色偏高。这就说明，暖色系的注目性要比冷色系高。

表 5-9　RGB 的常见样式

RGB	128, 128, 128	101, 0, 51	252, 33, 6	252, 33, 6	23, 157, 2	155, 208, 5	55, 208, 5	255, 255, 11	253, 152, 7	253, 33, 6

1. 识别度较高的十种配色

表 5-10　十种高识别度的色彩数值

	三原色数值									
背景 RGB	0.0, 0	0.0, 0	255, 255, 255	204, 0, 102	204, 0, 102	0, 0, 102	0, 102, 0	255, 255, 0	255, 255, 0	255, 255, 0
主显 RGB	255, 255, 0	255, 255, 255	0.0, 0	255, 255, 0	255, 255, 255	255, 255, 255	255, 255, 255	0.0, 0	0, 102, 0	0, 0, 102

2. 识别度较低的十种配色

表 5-11　十种低识别度的色彩数值

	三原色数值									
背景 RGB	255, 255, 0	255, 255, 255	255, 255, 0	255, 255, 0	0.0, 0	0.0, 0	0.102, 0	255.0, 0	128.128, 128	204.0, 102
主显 RGB	255, 255, 255	255, 255, 0	0.102, 0	0.0, 102	204.0, 102	0.0, 102	255.0, 0	204.0, 102	0.102, 0	0.0, 0

3. 配色小技巧

表 5-12　配色的六大注意

重视视觉感受	符合组织要求	符合设计逻辑	明确象征意义	单双色区分开	色彩不超三种
舒服、浑然天成；不突兀、不刺眼、不"山寨"	CIS 的用色要求	不同章节可用不同的颜色，相同级别的标题用相同的颜色	绿色健康、红色喜庆、蓝色科技等	喜闻乐见（天的蓝、草的绿、暖的橙等），多色尽量模仿（如网站、海报等）	黑白灰之外，图表色可稍稍灵活些，整体风格要一致

4. 母版颜色

母版是对整个 PPT 模板的要求，在配色上，我们可以根据 PPT 的不同风格进行颜色选配，这样便于我们进行参考。

（1）白色：默认的背景色，简约、便于颜色搭配。

（2）灰色：对真实颜色的干扰最小，不刺眼，专业感强。

（3）深色：很有质感，但颜色较难搭配，对制作者的挑战性高。

5. 色彩搭配建议

表 5-13　常见的三种色彩搭配

方案一	背景色 RGB	241，241，229			
	风格色 RGB	93，203，8	16，173，223	248，190，14	
	粗条 RGB	136，241，229	12，178，230	255，173，1	
方案二	背景色 RGB	246，246，246	245，245，245	251，251，251	
	风格色 RGB	93，203，8	16，173，223	248，190，14	
	粗条 RGB	198，198，198	231，231，231	160，160，160	
方案三	并列 1RGB	54，178，230	123，193，68	240，84，36	254，0，102
	并列 2RGB	255，192，0	60，121，207	142，174，5	255，133，0

6. PPT 色彩在线素材

为了帮助大家降低 PPT 素材的配色难度，我们可以通过网站的在线素材搭配，帮助大家快速选择色彩。

表 5-14　在线色彩素材

序　号	名　　称	网　　址
1	tool	http：//www.tool.la/ColorThesaurus/
2	雅酷时尚在线	http：//www.yacou.com/ps/index.htm

7. 整体风格色

整体风格色指的是封面、封底、母版标题栏（整体或点缀）、内标题、强调色、图表色等，主要形式有：

（1）整体单色：即一种颜色贯穿始终，图表色可以略丰富些，但尽量使用HSL 模式，调整为同色搭配。

（2）逻辑单色：即不同章节使用不同颜色。

（3）组合色：即主色与副色，或对比色之间的搭配，也可以是接近色或近似色搭配。

8. 文字颜色要求

文字颜色设置的基本要求是：不要太亮、太刺目，也不要太淡，要柔和，看得清楚即可。

（1）当背景为白色或浅灰色时：字体为灰色，根据背景的深浅调整字体的深浅，以确保看得清楚。

（2）当背景为深色时：字体为白色或者浅灰色。

9. 强调色

强调色指的是 PPT 中所有强调内容的颜色设置。

（1）正向观点：字体加粗并设置为风格色。

（2）并列内容或相似观点：字体加粗并设置为类似色、接近色。

（3）反向观点：字体加粗并设置为补色、对比色。

（4）提醒、警示、引发思考或负面观点、案例：字体加粗（或放大）并设置为深红色或暗红色。

思考练习：请在电脑上试着根据三原色的值，给数值所在的底框填充背景色

数　值	数　值	数　值
93，203，8	16，173，223	248，190，14
136，241，229	12，178，230	255，173，1

续表

数　值	数　值	数　值
246, 246, 246	245, 245, 245	251, 251, 251
93, 203, 8	16, 173, 223	248, 190, 14
198, 198, 198	231, 231, 231	160, 160, 160
54, 178, 230	123, 193, 68	240, 84, 36
255, 192, 0	60, 121, 207	142, 174, 5

第六节　排版设计——详略得当要领

一、少文字的排版

（一）将文字放大

图 5-13　排版设计（文字放大）

（二）错落有致

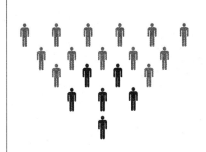

图 5-14　排版设计（错落有致）

（三）搭配图片

图 5-15　排版设计（搭配图片）

（四）搭配图标

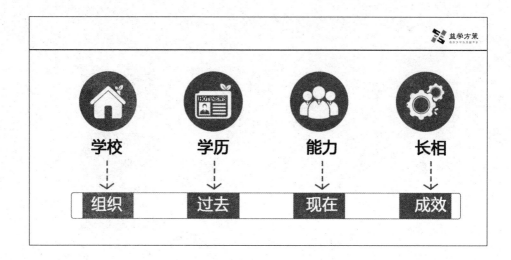

图 5-16　排版设计（搭配图标）

二、多文字排版

（一）提炼关键词

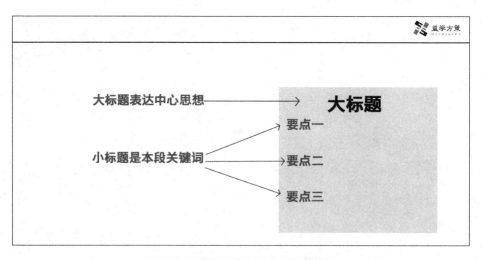

图 5-17　排版设计（提炼关键词）

（二）高度浓缩，减少干扰

表 5-15　减少干扰四要素

序　号	建　议
1	删除多余的背景
2	删除多余的文字
3	删除多余的颜色
4	删除多余的特效

（三）文字图形化：将文字通过各种图形的组合，展示清晰的逻辑关系

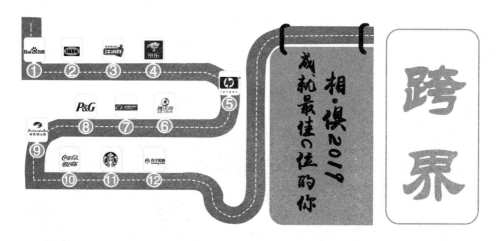

图 5-18　排版设计（文字图形化）

（四）文字图示化：将文字的逻辑关系以图示的方式展现，一般用于概念描述

图 5-19　排版设计（文字图示化）

（五）文字图表化

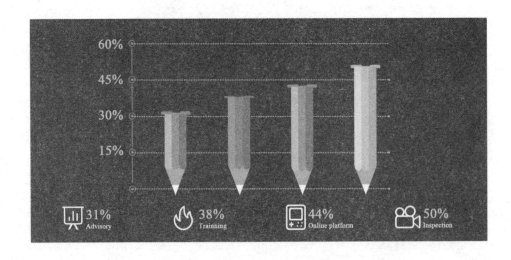

图 5-20　排版设计（文字图表化）

三、图文排版的五大原则

（一）重点突出

很多学员的 PPT 排版重点不突出：一页 PPT 里面有很多文字和图，看上去内容很多，但是哪个是重点内容，却不得而知。

麦肯锡公司曾经有过一次沉痛的教训：该公司曾经为一家重要的大客户做咨询。咨询结束的时候，麦肯锡的项目负责人在电梯间里遇见了对方的董事长，董事长问麦肯锡的项目负责人："你能不能说一下现在的结果呢？"由于该项目负责人没有准备——即使有准备，也无法在电梯从 30 层下到 1 层的 30 秒内把结果说清楚。最终，麦肯锡失去了这一重要客户。

从此，麦肯锡要求公司员工凡事要在最短的时间内把结果表达清楚，凡事要直奔主题、直奔结果。麦肯锡认为，一般情况下人们最多记得住一二三，而记不住四五六，所以凡事要归纳在三条以内。这就是如今在商界流传甚广的"30 秒钟电梯理论"或"电梯演讲"。

电梯法则主要是告诉人们：我们的任何计划都必须简单而有效。你的方案如果不能使本单位的员工听懂，那么你的顾客也一定不懂，他们也不会买你公司的东西。此外，如果策划人在 30 秒内讲不清楚一个计划，就说明计划有问题且不具有操作性。同样，一个员工如果在 30 秒内讲不清楚公司、所在部门以及他自己的任务分别是什么，那么这个员工就已经不称职了。

根据麦肯锡制作 PPT 的原则，PPT 所有的内容都要围绕标题展开。如果没有时间对 PPT 进行展开阐述，学员只看标题就可以知道我们所要讲述的核心内容。

（二）能"图"则不"文"

在结构化思维里，要将"隐性知识显性化、显性知识结构化、结构知识形象化"。在形象化的表达上，形象的表达能力会比结构更强。

（三）图片逼真

我们在使用图片的时候要尽量选择高清图片，这样可以更好地吸引学员的注意力。如有一些图片有水印，在无版权争议的情况下，要尽量去掉水印。做到"清晰而不模糊、真实而不卡通、贴切而非无关"。

建议大家养成良好的图片收集习惯，要对收集到的图片进行分门别类的编排，以便于调取和使用。

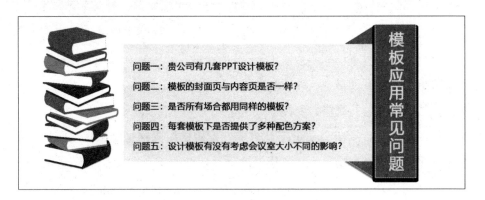

图 5-21　模板应用常见问题

（四）图片有创意

创意型图片的视觉度要高于平淡型图片。

图 5-22　图文排版原则（图片有创意）

（五）图文相关

配图一定要与主题相关，不能只顾图的美观，如为了补空，而随便找一张图片来占位：这可能会起到相反的效果，不但不能衬托主题，反而喧宾夺主。

图 5-23 图文排版原则（图文相关）

四、对齐的运用

PPT 在排版的时候需要对齐，主要原因是对齐之后能产生一种力学之美，能让人感觉到赏心悦目。在学习对齐技巧之前，我们先要了解对齐的几种形式。

（一）文本左对齐、居中、右对齐、两端对齐、分散对齐

一般的段落文本建议用两端对齐，事实上，软件默认的是左对齐，这貌似与两端对齐效果一样，实则不然。左对齐时，你只能看到最左侧的内容在一条垂直线上，但最右侧的往往不是，两端对齐则可以保证两侧的文本均对齐。具体用哪种，可以根据需要选择。

（二）形状、文本框、图片的八大对齐

基本对齐方式是左对齐、水平居中、右对齐，顶端对齐、垂直居中、底

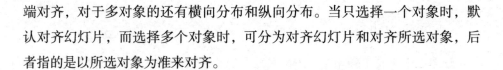

端对齐，对于多对象的还有横向分布和纵向分布。当只选择一个对象时，默认对齐幻灯片，而选择多个对象时，可分为对齐幻灯片和对齐所选对象，后者指的是以所选对象为准来对齐。

（三）参考线、智能参考线、网格参考线、智能参考线、网格

1. 参考线

我们还可以使用参考线对齐。参考线可自行增减，右键点击即可增加水平或垂直参考线，再通过"Ctrl + 鼠标拖动"复制出更多的参考线。在一页幻灯片中做出的参考线，会同步到每一页中，这样就有助于在每一页实现同样的布局。消除参考线的方法是，把参考线拖至与其他参考线重合，嫌麻烦不愿意对齐的也可以把参考线拉出边缘，参考线即会消失。当然，如果只是希望暂时不要看到它，则可以用快捷键"Alt+F9"关闭参考线功能，当再使用该快捷键时，就可以恢复原来的参考线了，右键"菜单"也可以。

2. 动态参考线

在 Office 2010 后的 PPT 软件里，PPT 都自带动态参考线，这条线在使用的时候呈现为暗红色虚线。参考线的打开路径为：右键—参考线—自动参考线。

当我们在移动某个文本框或图片的时候，系统会自动显示对齐用的参考线，还有比较距离的参考线，移动结束后会消失。

3. 网格

网格与参考线的作用类似，通过右键"菜单"即可打开。网格的使用有两种，一种是系统自带的，另外一种就是在 PPT 里面插入一个表格，将表格的大小调整到一致，这样也可以起到对齐的作用。我们一般推荐系统默认的网格功能。

（四）smart 图形

系统默认带有 smart 图形，这个图形能为我们省去大量编排逻辑顺序的时间。其中已经有列表、流程、循环、层次结构、关系、矩阵、棱形图等结构图，

这些图系统默认的颜色是蓝色、灰色或者黑色。

1. 重新着线条色

我们可以对自带的线条颜色进行编排，加上我们喜欢的颜色，这样出来的 smart 图形会比自带的好看。

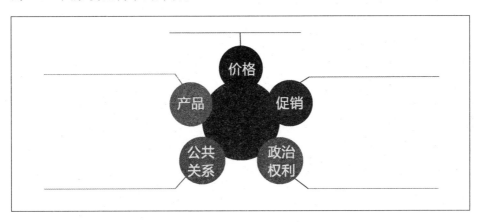

图 5-24　smart 图形（线条颜色）

2. 重新为文本框底色着色

将系统自带的 smart 组合取消后，设计成并列关系图表，并重新着色、分别添加动画效果。

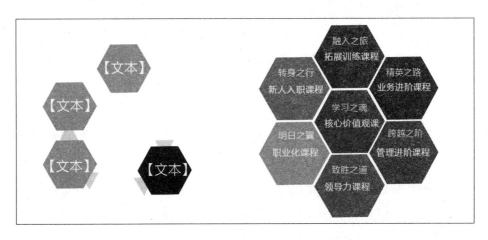

图 5-25　smart 图形（文本框底色）

（五）对齐检查

我们需要检查每一页的文字、页面标题、段落、图表是否对齐，以便排版，没对齐的可以参照上文讲述的技巧进行对齐。

那么，如何能保证做到边界对齐、模块对齐、等距对齐呢？我们需要不断重复，确保一致。

表5-16　对齐检查的"四个一致"

序　号	建　　议
1	一致的模板
2	一致的排版
3	一致的字体
4	一致的配色

第七节　讲师手册——讲师备忘利器

一、讲师手册的作用

讲师手册是教师为顺利而有效地开展教学活动，根据课程标准、教学大纲和教科书要求及学生的实际情况，以课时或课题为单位，对教学内容、教学步骤、教学方法等进行具体设计和安排的一种实用性教学文书，包括教材简析和学生分析、教学目的、重难点、教学准备、教学过程及练习设计等。

讲师手册是讲师的备课记录，也被称为教案，其存在的目的是帮助讲师梳理思路，避免在授课的过程中手忙脚乱，并确保课程内容的一致性，也是课程开发人员与培训管理者之间沟通的一种手段。

讲师手册，包括讲师对每个知识点的具体培训步骤、教学方法和讲评要点，是讲师理解、传授课程的关键资料。讲师要根据讲师手册对课程进行标准化呈现，保证课程内容的准确性、教学活动的有效性，以及课程传授的一致性。

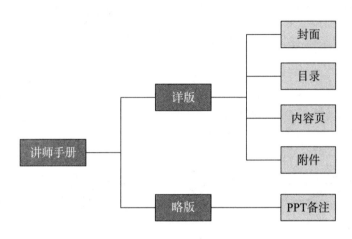

图 5-26　讲师手册的内容

二、讲师手册编写

课程信息主要是对课程的概览，能让讲师清楚了解学习对象、课程目标、学习的主要内容、各个模块的时间安排，以及主要教学方法。主要包括课程概述、课前准备及教学计划。

（一）课程概述

课程概述旨在介绍课程名称、课程编码、授课时长、培训形式、学员人数、目标学员和课程目标。

（二）课前准备

课前准备包括讲师对课程内容及行政方面的准备。

（三）教学计划

教学计划包括整体教学计划及单元教学计划。

下面就来分别讲讲这三部分的编写方法。

三、课程概述的编写

（一）课程目标

学员在学习完本课程之后，可以：

1. 认识到教案制作的重要性且掌握制作教案的原则及步骤；

2. 通过实操，真正学会制作教案，并可以应用在实际岗位中。

（二）培训对象

有制作教案需求的内部讲师。

（三）学员人数

每班人数建议控制在 35 人左右，最多不超过 45 人。

（四）课程方法与特色

1. 贴合实际，与实际岗位操作需求高度契合；

2. 简单易学，内部流程梳理清晰，学员可以轻松掌握；

3. 案例充实，深入浅出。

（五）课时安排

总计 2 小时（含茶歇），具体安排如下表：

表 5-17 课时安排

模 块	课程单元	时长（分钟）
一	课程导入	
二	**教案的重要性**	
	（一）教案的定义	
	（二）教案的诠释	
	（三）教案在教学中的作用	
	（四）教案的两项基本内容	
三	**教案制作攻略**	
	（一）教案制作原则	
	（二）教案制作步骤	
	（三）教案制作注意事项	
四	**教案实操**	
	（一）按要求制作教案	
	（二）课程结束	

（六）培训方式

讲授＋模拟填写＋现场演练＋讲师点评。

四、课前准备的编写

（一）课程内容准备

在正式授课前，讲师需要熟悉课程资料、整理课程逻辑关系、丰富案例，具体包括：

1.熟悉课程大纲；

2.整理课程逻辑关系，建立授课逻辑；

3.熟悉授课脚本（每页教材的具体目标和内容）；

4.熟悉案例及引导技巧；

5.掌握分组演练、竞赛的活动设计、任务布置、控制要点等。

（二）学员能力评估及需求调查

讲师须确认学员：

1.来自哪些单位／部门？

2.基本水平怎样？

3.他（她）们最需要学习和改善的方面是什么？

4.本课程能否满足他（她）们的需求？

5.是否需要调整课程内容？

以及为了了解上述内容，是否需要：

1.对学员进行访谈；

2.做调查问卷；

3.与学员的上级沟通；

4.参考相关资料。

（三）教学环境及设备准备

本课程的授课桌椅排布和教学准备清单如下：在课前，培训项目经理会安排好教室，并按要求排布好桌椅、制作好名签，并按清单协助准备各类教学设备。

在培训开始前的一天，讲师需要和培训项目经理沟通，检查教室布置和各类教学设备的准备情况，查缺补漏。

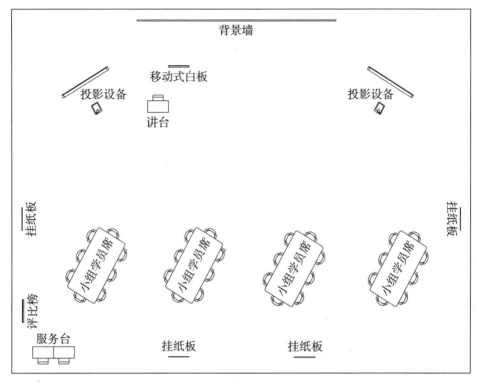

图 5-27 教学环境及设备准备

表 5-18 教学设备准备清单

项 目		数量	具体要求	需求情况	现场检查
教室准备	室温		26℃。		
	光线		教室具备光线调节的能力（如有窗帘等）。		
	桌椅		可活动桌椅，分小组排列。		
	电源		接投影仪和笔记本电脑。		
	电源插座		三向电源插座/接线板，根据人数确定。		
	饮水机		冷热水，可酌情准备咖啡、茶等饮料。		
	水杯		纸杯。		

续表

项　目		数量	具体要求	需求情况	现场检查
教具与工具	白板		——		
	白板笔		小组活动用，黑色或彩色。		
	挂纸板		纸量充足。		
	投影仪		注意投影仪流明。		
	投影屏幕		——		
	场景指示牌		各放置1个。		
	龙虎榜、奖品		——		
	便携打印机		——		
	录音笔		——		
	照相/摄像机		——		
	桌牌		标注讲师和学员姓名。		
	签到表		——		
	培训后调查表		——		
	麦克风		无线麦克风。		
	音箱（带音频线）		必需品，现场需要播放音频资料。		
教师用具	笔记本电脑		——		
	激光笔		——		
	翻页器		——		
	瓶装矿泉水		上午、下午各一瓶。		
学员用具	学员教材		——		
	结业证书		——		
	圆珠笔		内部学员原则上不提供。		
	记录纸				

五、教学计划的编写

（一）暖场活动

本课程的第一个阶段是暖场，主要目的是：建立讲师和学员之间的信任，同时建立学习气氛、消除紧张心态。

暖场的实施技巧和控制要点包括：

1. 将暖场作为手段，在讲师和其他课堂参与者之间建立融洽的气氛，讲师的参与表现在讲师对风险程度的选择上；

2. 确定讲师对团体行为的期望，并在暖场时加以强调；

3. 暖场活动要加强团队凝聚力，讲师应有明确的目的，并使活动为目的服务；

4. 选择能与讲师整个目标相符的活动；

5. 寻找并记录一些设计巧妙的暖场活动，如逻辑或理论思考，身体素质及精神的训练，组织性强或顺其自然的活动等，将它们记录在案，以便随时应用；

6. 不要轻易使用"破冰"一词，最好说："我们现在开始吧。"

7. 不要执意要求参加者交换个人信息，要允许有人不想参与，同时要确保讨论中的相互信任，并使大家了解这一点。

（二）时间控制

1. 课时共 2 小时，培训的时间最好定在上午，除去休息的时间，可以将花在重点内容上的时间适当延长；

2. 控制时间的办法是在备课时将内容分成小段，并提前预设时间；

3. 在授课时，需要严格控制每个主题的时间，但也需要灵活掌握，一旦某个时间点发生变化，就必须调整本节课其他授课时间点的安排，以保证对整体时间的控制。

在开始上课时，可以请助教帮助记录实际花费的时间，然后再调整预设时间，经过积累，可以慢慢了解时间的使用状况。

（三）课程内容

表 5-19　讲师手册：课程内容

【幻灯片】/【课程导入】	时长：10 分钟
（幻灯片截屏）	【教学目标】 课程主题说明
【主体内容】 　自我介绍＋主题导入：说明本次课程的主题，并简要介绍相关 　　　　　　　　　　内容。建议以破冰游戏开场。 【总结过渡】	本页注意点： 时间不宜过长，能帮 助学员轻松地认识到 这次课程的主要内容。

思考练习：请试着制作讲师手册的前 3 页

【幻灯片】/【课程导入】	时长：　分钟
（幻灯片截屏）	【教学目标】

续表

	【教学目标】
（幻灯片截屏）	
（幻灯片截屏）	【教学目标】

第八节　学员手册——温故知新桥梁

一、学员资料

即学员培训时使用的文件，包括培训前的阅读资料、培训中的课程资料和培训后的复习资料，学员手册是指学员使用的教材。

表 5-20　学员资料设计参照（三阶段）

阶　段	内　容
培训前	致学员的一封信； 培训课程介绍及教学时间安排表； 课程相关起点知识阅读辅助材料； 课前测试或作业。
培训中	学员手册。
培训后	课后阅读材料。 课后作业。

二、手册导入的编写

学员手册一般包含封面、个人资料、小组组员资料班主任及会务组成员联系方式、小组风采展示园地、参训须知、培训要求、课程内容。以下为手册导入的示例文件，供读者朋友们参考。

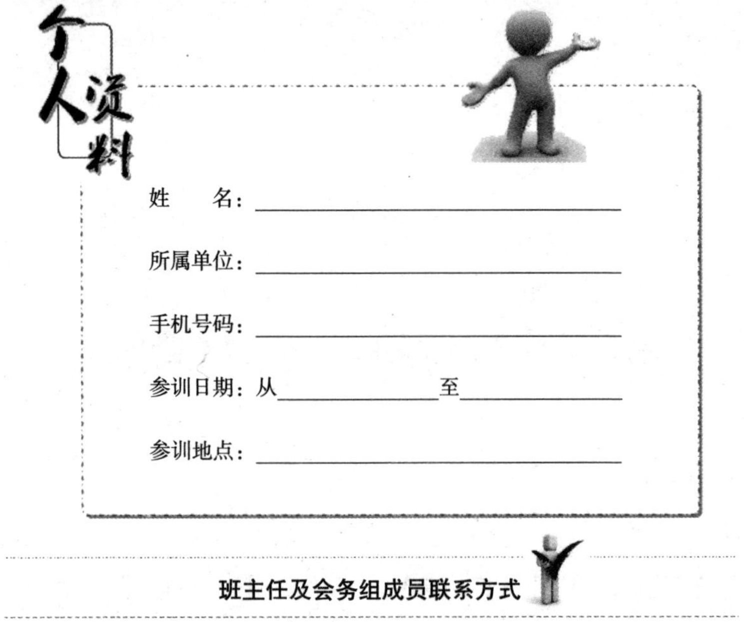

个人资料

姓　　名：＿＿＿＿＿＿＿＿＿＿＿＿＿

所属单位：＿＿＿＿＿＿＿＿＿＿＿＿＿

手机号码：＿＿＿＿＿＿＿＿＿＿＿＿＿

参训日期：从＿＿＿＿＿＿＿至＿＿＿＿＿

参训地点：＿＿＿＿＿＿＿＿＿＿＿＿＿

班主任及会务组成员联系方式

图 5-28　学员手册导入（封面、个人资料、班主任及会务组成员联系方式）

小组风采展示园地

SHOW 风采

【组名】

【小组图腾】

【我们的口号】

【我们的目标】

图 5-29　学员手册导入（小组风采展示园地）

小组组员资料

学习成就未来

第（　）组组员资料			
	姓名	所属机构	手机号码	邮箱地址
1				
2				
3				
4				
5				
6				
7				
8				
9				
10				
11				
12				
13				
14				
15				

图 5-30　学员手册导入（小组组员资料）

——参训须知

作息时间

早餐：_____   早 上：_____

午餐：_____   中 午：_____

晚餐：_____   晚 上：_____

图 5-31 学员手册导入（参训须知）

1. 为了保证课堂的安静以及对讲师、同学的尊重，上课时请将手机调成静音或震动，请不要接打电话、收发短信；
2. 为了体现培训的严肃与专业，培训期间请着正装；
3. 为了让身边的伙伴记住自己的名字，请佩戴胸卡；
4. 请不要将饮料、水杯带入教室，以免打翻后弄湿自己或周围伙伴的培训教材与手机等物；
5. 出于对讲师、同学的尊重，同时也为了保证培训效果，请不要迟到、早退、无故请假。

培训要求

图 5-32 学员手册导入（培训要求）

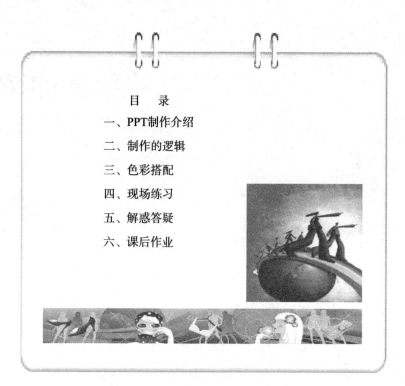

图 5-33　学员手册导入（课程内容）

三、知识点的呈现

每个单元都可以按照课程结构和教学事件的设计展开，同时可以增加小练习、小提示、思考题等作为补充，帮助学员更好地理解课程内容。

表 5-21　知识点呈现关联

目　的	内　容	载　体
引起注意／建立关联	知识导入	数据／录像／图片／提问／测试
内容呈现	讲授原理概念	原理模型、概念描述
提供学习指导	补充自我阅读——原理概念背景	小贴士
引导行为	现场练习——原理应用	练习题
评估反馈	自我思考——应用延伸	思考题

四、手册正文的编写

学员手册正文的编写一般包含课程内容的截图以及知识点的记录，便于学员温故知新，对于学员来说，这本手册既是教材，又是笔记本。所以，建议在每一个章节都增加一页 ORID（Objection，Reflerction，Interpretation，Decision)，以便启发学员思考。以下为学员手册正文编写的样本，供读者朋友们参考。

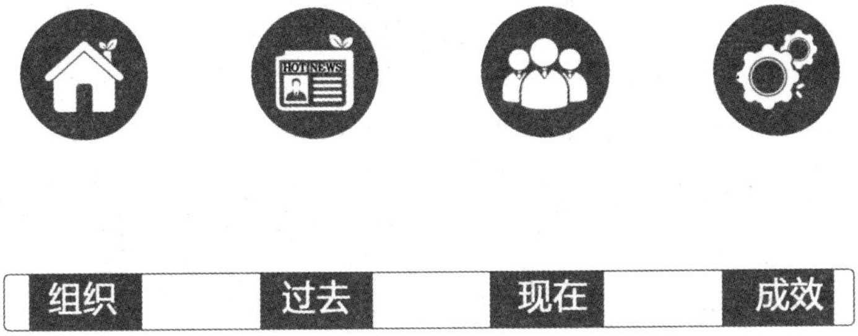

图 5-34　学员手册正文编写样本

五、ORID 章节总结

ORID 原本是由促动师引导开展的结构化会议形式，但这种思维方式也适合在我们的日常管理之中应用。在日常的总结中，我们很少联系学员个人的工作实际情况去反思。为了帮助学员在日常的工作中对课程内容进行有效应用，我们建议采用 ORID 的方法帮助学员梳理思路，并制订行动计划。

表 5-22　ORID 在教学设计中的应用

本章反思
Objection（客观事实） 回忆我所观察到的、听到的、学到的，并将感受记下。 _____ _____ _____ _____ Reflection（感受） 哪一部分让我感触最深？我最喜欢哪些地方？ _____ _____ _____ _____ Interpretation（思考价值） 我心中浮现出了哪些问题？我在日常工作中面临哪些挑战？ _____ _____ _____ _____ _____ Decision（决定） 我将采取怎样的行动？ _____ _____ _____ _____

第六章

兰言断金　持续迭代

课前思考

- 为什么要进行试讲？
- 如何对试讲内容进行评估？
- 如何使讲授的课程"永葆青春"？

第一节　试讲准备——知行合一验证

一、备课

讲师需要认真备课。备课主要从时间、内容、方法、情绪、辅助线这五个方面入手，熟悉课程内容及教学活动设计。讲师需要提前演练教学活动，邀请部分学员试听，并给出一些反馈意见，优化课程内容。

二、课前调研

讲师可以将课程内容按照前面在课程开发技巧时讲到的访谈方法进行验证，找出学员的真实需求，看看课程内容与学员的需求之间是否有差距、其中的案例对学员是否有启发，找到学员在日常工作中的真实难点。

三、视频演练

讲师在初次授课前，我们建议穿着正装进行演练。在做好内容调整和课前准备之后，就需要到真实的授课场地进行查看，检查授课的硬件及环境。之后进行现场模拟演练，假设下面有学员，并用视频将整个过程记录下来，然后仔细回看自己的授课过程。

四、需求验证

讲师需要对面授课程进行试讲，在试讲过程中，讲师需要对课程目标、课程内容、教学活动和教学材料进行评估。

表6-1　面授课程试讲意见调查表示例

课程试讲意见调查表

日期：_____　讲师：_____　所在公司／部门：_____　姓名：_____

为了提高课程质量，我们需要您抽出几分钟的时间，来回顾一下整个培训课程，并告诉我们您对以下问题的答案，谢谢合作！

填写说明：请在您认为符合的选项后面打"√"

一、课程目标达成情况评价（分为任务目标和知识目标）

1. 以下叙述的是本课程的目标，请评价这些培训目标的达成情况怎样？

	十分成功	基本成功	有限成功	失败
A.（课程目标1）	□	□	□	□
B.（课程目标2）	□	□	□	□

C.（课程目标3）

　　□　　　□　　　□　　　□

D.（课程目标4）

　　□　　　□　　　□　　　□

2. 满意度评估。

	非常满意	满意	一般		差		极差		
您对课程的总体感觉	10	9	8	7	6	5	4	3	2	1

二、对培训内容的评价

1. 您认为最有价值的内容是哪些？

答：_____

2. 您认为价值不大的内容是哪些？

答：_____

_____

_____

3. 您认为课程中应该增加哪些内容？请说明理由。

答：_____

_____

_____

三、对授课方法的评价

1. 老师的讲解或讲授　　　　　□偏多　　□合适　　□偏少

2. 案例讨论和分析　　　　　　□偏多　　□合适　　□偏少

3. 练习与讲师总结（含角色扮演或情景模拟）

　　　　　　　　　　　　　　□偏多　　□合适　　□偏少

四、对教学材料的评价

1. 您认为在上课期间讨论、分析的案例的代表性和针对性强吗？

非常强□　　　　比较强□　　　　一般□　　　　较差□

续表

2. 您认为在上课期间练习的内容的代表性和针对性强吗？

非常强☐　　　　比较强☐　　　　一般☐　　　　较差☐

3. 您认为培训老师的演示文件质量如何？

逻辑性：非常强☐　　　　比较强☐　　　　一般☐　　　　较差☐

美观性：非常好☐　　　　比较好☐　　　　一般☐　　　　较差☐

4. 您对课程内容、授课方法、资料、进度安排等还有什么建议？

_____

_____

五、对讲师的评价

	非常好	较好	一般	差
1. 专业知识扎实程度	☐	☐	☐	☐
2. 表达技巧	☐	☐	☐	☐
3. 课程准备的充分程度	☐	☐	☐	☐
4. 案例分析技巧	☐	☐	☐	☐
5. 组织练习和讲评的技巧	☐	☐	☐	☐

6. 您对讲师还有什么建议？

_____

五、课程调整

根据学员的问卷反馈，讲师要对课程内容进行有效调整，确保和教学目标一致。调整后，再开始正式授课，授课之前，讲师也有必要邀请上一次的学员对调整后的内容进行评价。

第二节　持续迭代——与业务同进退

一、持续深耕

业务类的课程与组织的业务紧密相连，要时刻保证课程与业务密切联系，一旦业务、管理流程及制度发生变化，课程内容也应随之调整，没有固定的调整周期。

如何保证课程内容与业务保持高度相关呢？可以从以下几个维度开展工作，防止课程内容落后于业务进度。

表 6-2　与业务的"三个一致"

维　　度	验证方法
战略一致性	公司战略部门验证
业务一致性	业务部门验证及学员验证
制度一致性	专业的制度管理部门验证

二、课程升级

课程在开展一段时间后，就需要对课程进行升级。升级的维度有多个，可以从课程包装、课程目标梳理、课程内容优化、课程教学形式，以及课程表现形式等几个维度入手。

（一）课程包装

1. 标题包装

课程可以从几个维度来进行包装。首先是标题，标题包装得好，能对课程起到很好的宣传效果，让人跃跃欲试。

表 6-3 课程包装示例

包装前	包装后	推荐指数
投诉处理技巧	投诉是金	★★★★★
办公技能提升	玩转三剑客	★★★★★
项目管理	项目管理高尔夫	★★★★★
课程开发	七步成师	★★★★★

2. 宣传推广

为了给人耳目一新的感觉，需要对课程进行重新包装和定位、二次包装，并将最终的课程介绍进行包装，进行多维度展现，让目标学员了解最新的课程信息。

（二）课程目标梳理

业务发生变化后，对应的课程目标也需要调整。要根据最新的课程定位对课程目标进行调整。比如，原来的开发课程目标是"掌握 4G 的网络传输特点"，到了 5G 时代，就应该调整为"掌握 5G 的网络传输特点"。

（三）课程内容优化

然后，要依据课程目标对课程内容进行调整，依据绩效差距模型找出学员最应该学习的内容。可以从以下几个维度判断内容并对其进行优化：

1. 时效性

内容与业务开展的节奏应当一致，甚至超前，以确保学员学习的内容不是过时的，避免因为培训内容的过时引起投诉。

2. 绩效性

内容与绩效相关，这里的绩效并非业务绩效——一些后勤和研发部门的绩效也和业务紧密相关。

3. 合规性

"合规"这个词在金融和泛金融行业用得比较多，指的是业务的开展符合行业监管部门的相关规范。合规的大前提是合法，然后是行业规定和公司的管理规定，确保课程内容和相关数学活动不会违法、违规。

4. 系列性

为了使课程产生更好的黏性，可以开发系列主题课程，如"市场营销之渠道管理、市场营销之品牌管理、市场营销之价格管理"等。

（四）形式升级

1. 教学形式

在 VR 技术突飞猛进的当下，我们可以尝试以新技术丰富课程的表现形式。比如，在线答题可以用 VR，情景模拟也可以用 VR，让情景变得更加真实，体现学员最真实的想法，也有利于我们对学员的数据进行有效收集。

2. 混合模式

将课程融入混合式项目里，与培训管理者、学员进行有效联动，发挥课程的最大价值。按学习发生前、学习发生中、学习发生后三个阶段设计，并根据遗忘曲线不断地对学员进行刺激，使学员形成工作习惯，固化工作流程和模式。

下 篇

案例再现

第七章

渠道管理课程开发案例再现

 **学习思考**

课程背景

某公司有渠道主管约 300 人，有新入职的，也有从业多年的，希望通过课程培训提升他们对渠道的管控能力。

初步判定课程目标

- 渠道管控标准化顺利实现转型；

- 能很好地进行现场管控；

- 提升渠道主管的"双能力"（通过提升"对渠道主管的管理能力"和"对渠道的管理能力"，提升公司对渠道的掌控力和整体竞争力）。

课题：优质渠道管理技能提升

接到这样一个需求之后，我们首先需要诊断这些渠道主管都在做什么、日常工作有哪些、哪些工作难度比较大、哪些工作与绩效之间的关联度比较高。

一、第一步：做调研

我们可以采用线上问卷，加实地走访的形式来进行调研。在调研过程中，我们需要对项目发起人、学员的上级、目标学员进行抽样调研，便于我们进行绩效对比和关键行为对比分析。以下是本次渠道管理课程的课前调研设计。

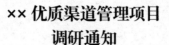

×× 优质渠道管理项目
调研通知

电信运营商需要建设优质的渠道网络以应对激烈的市场竞争并满足客户多样化的需求，而优质渠道网络的建设需要由一批具备先进渠道管理理念、掌握先进渠道管理方法和工具的优秀渠道管理者完成。

为此，我们于20××年8月启动××优质渠道管理项目，助力公司培养一支具备先进渠道管理理念、掌握先进渠道管理方法和工具的优秀渠道管理者队伍。

为给渠道管理者设计有针对性的培养内容和方式、确保人员培养的有效性，培训学院"××优质渠道管理项目组"特组织本次调研，具体安排如下：

一、调研目的

为了深入了解渠道管理者对培养内容和方式的需求，本次调研的主要目的有以下两点：

1. 了解渠道管理者对于培训内容的想法；

2. 了解渠道管理者对于有效推动在岗行动改进的想法。

二、调研安排

"××优质渠道管理项目组"分两组对位于A、B、C、D、E、F6个地市的单位进行调研。

×× 优质渠道管理项目调研行程

调研时间	调研单位	调研人员
8月22日	B公司	×××
8月23日	E公司	×××
8月23日	A公司	×××
8月27日	F公司	×××
8月28日	C公司	×××
8月31日	D公司	×××

各地市单位调研的具体安排详见**附件一：×× 优质渠道管理项目调研计划样例**

各地市单位调研的具体内容详见**附件二：×× 优质渠道管理项目渠道主管**

访谈提纲

三、注意事项

1.各地市单位对接人请事先联系好本单位的受访人员，确保其提前5分钟到达访谈现场；

2.各地市单位对接人在本项目调研过程中有任何疑问，均可联系我们。

陈×× 联系电话：15×××××××××；

张×× 联系电话：13×××××××××；

何×× 联系电话：13×××××××××。

附件一：×× 优质渠道管理项目调研计划样例

	时间	职位	受访人	联系方式	地点
上午	09:15—10:00	市场部主管	××	××××××××××	×××
	10:00—10:45	市场运营支撑中心社会渠道室经理	××	××××××××××	×××
	10:45—11:30	市场运营支撑中心自有渠道室经理	××	××××××××××	×××
下午	14:00—14:45	市场部渠道室副经理	××	××××××××××	×××
	14:45—15:30	市场部渠道室副经理	××	××××××××××	×××
	15:30—16:15	渠道主管 A	××	××××××××××	×××
	16:15—17:00	渠道主管 B	××	××××××××××	×××
	17:00—17:45	渠道主管 C	××	××××××××××	×××

附件二：×× 优质渠道管理项目渠道主管访谈提纲

市场主管访谈大纲

一、个人基本情况

请简单介绍一下您在本岗位上的工作情况，主要包括管理年限、管理幅度、管理风格和具体的管理内容。

二、渠道管理现状

1. 请您谈谈渠道管理的现状，取得的成绩和存在的不足是什么？

2. 您认为目前制约渠道管理水平提升的关键问题有哪些？哪些问题可以通过培训的方式来解决？

三、培训需求情况

1. 您如何理解公司目前的"渠道转型"？

2. 公司对渠道主管的能力提出了哪些具体的要求？渠道主管普遍缺失的主要能力是什么？

3. 渠道主管在工作上面临的主要难题有哪些（渠道布局规划、代理商选择、代理商争夺、代理商掌控、区域市场的营销策划和实施、渠道销售能力提升辅导、渠道日常管理等）？

4. 本次渠道管理培训的重点应当放在渠道管理的规划、建设、运营等专业能力上，还是放在市场营销、渠道管理等基础理论知识上？两者在课程中的关系应该是怎样的？两者在课程中的呈现应该是怎样的？

5. 在您的下属中，哪些渠道主管做得特别好？哪些做得特别差？为什么？能否举例说明？

6. 您过往是否组织过相关的培训？您认为培训中的哪些内容非常好？有哪些培训资料可供借鉴？

四、其他

您对本次培训还有何意见、建议、看法和期望？

渠道主管访谈大纲

一、个人基本情况

请简单介绍一下您在本岗位上的工作情况，主要从重要、难度大、发生频率高、与绩效密切相关的工作谈起。

二、渠道管理现状

1. 请您谈谈渠道管理的现状，取得的成绩和存在的不足是什么？

2. 您认为目前制约渠道管理水平提升的关键问题有哪些？哪些问题可以

通过培训的方式来解决？

三、培训需求情况

1. 您如何理解目前公司的"渠道转型"？

2. 公司对渠道主管的能力提出了哪些具体的要求？您觉得当前自己缺失的主要能力是什么？

3. 您在工作上面临的主要难题有哪些（渠道布局规划、代理商选择、代理商争夺、代理商掌控、区域市场的营销策划和实施、渠道销售能力提升辅导、渠道日常管理等）？

4. 本次渠道管理培训的重点应当放在渠道管理的规划、建设、运营等专业能力上，还是放在市场营销、渠道管理等基础理论知识上？两者在课程中的关系应该是怎样的？两者在课程中的呈现应该是怎样的？

5. 您理想中的渠道管理课程在渠道管理的规划、建设、运营等专业能力培训中应该包括哪些主题内容？每一个主题中应重点关注哪些知识和技能？

6. 您身边有没有哪位同事在渠道管理上取得了卓有成效的管理手段，您觉得他是如何做到的？您又是如何得知的？

7. 您在渠道管理中有什么妙招？能举例说明吗？

8. 您在渠道管理中有什么困难？您觉得导致这些问题的主要原因是什么？您觉得这些问题中哪些是可以解决的？哪些是可以通过培训解决的？

9. 您过往是否参加过相关的培训？您认为培训中的哪些内容非常好？有哪些培训资料可供借鉴？

四、其他

您对本次培训还有何意见、建议、看法和期望？

渠道商访谈大纲

×× 先生 / 女士：

您好！

我们是 ×× 公司，我们计划在近期针对服务您的渠道主管做一次专业培训，以提升他们对渠道服务的能力。我们需要向您请教几个问题。请您放心，对您的个人信息，我们会严格保密，本次访谈的内容只做培训使用，不做他用。

这是我的名片（双手递送名片），请多多关照。以下为访谈内容。

1. 您可以对您自己和您的店铺做个简单的介绍吗？主要包括成立年限、年营收状况、各部分营收占比，以及您所在店铺的星级和客源情况等。

2. 您觉得目前的渠道主管对您的支撑力度如何（优，一般，差）？如果是"差"的话，表现在什么地方？

3. 目前的渠道主管对您的培训频率如何（经常，偶尔，很少）？您希望他加强哪些业务的培训？为什么？

4. 您觉得目前的渠道经理的信息传达及时性如何（优，一般，差）？如果是"差"的话，表现在什么地方？

5. 您觉得目前的渠道经理对业务的熟悉程度如何？对哪些业务的解读需要加强？

6. 您最希望渠道主管为您做什么？为什么希望他/她做这些？

感谢您提供的信息，我相信这些信息对我们的渠道主管培训将会非常有用。感谢您在百忙之中抽空接受访谈，后期我们如果在课程开发的过程中还有不明白的地方，还会再次请教您，谢谢您的支持！

二、第二步：整理调研记录

（一）调研背景与目的

1. 调研背景

电信运营商需要建设优质的渠道网络以应对激烈的市场竞争并满足客户多样化的需求，而优质渠道网络的建设需要由一批具备先进渠道管理理念、掌握先进渠道管理方法和工具的优秀渠道管理者完成。

为给渠道管理者设计有针对性的培养内容和方式，支撑优秀渠道管理者的高效培养，特组织本次调研。

2. 调研目的

为了深入了解渠道管理者对培训内容和方式的需求，本次调研的主要目的有以下三点：

（1）了解渠道管理者对于培训内容的想法；

（2）了解渠道管理者对于跨界学习企业、内容和方式的想法；

（3）了解渠道管理者对于有效推动在岗行动改进的想法。

（二）调研实施情况概述

1.调研对象

渠道主管、渠道经理、分销商。

2.调研方式

（1）调研方式介绍

本次调研采用深度访谈的方式。深度访谈是一种无结构的、直接的、一对一的访问方式，由掌握高级访谈技巧的调查员对调查对象进行深入的访问，以揭示其对某一问题的潜在动机、态度和情感，最常应用于探测性调查中。

表7-1 深度访谈的操作方式及优点

调研方式	操作方式	优 点
深度访谈	通过访谈者与被访谈者面对面的接触、有目的谈话，寻求研究资料的方法。	结果可量化、便于统计分析； 能够对调查过程加以控制，从而提高调查结果的可信度。

（2）调研样本统计

分两组对位于A、B、C、D、E、F6个地市的单位进行调研，本次调研访谈共32人参与。

表7-2 优质渠道管理项目深度访谈

	A	B	C	D	E	F	共计
深度访谈	6	6	5	3	8	4	32

3. 调研步骤及阶段成果

整个调研过程分为四个步骤，流程缜密、环环相扣、内容翔实、效果显著。

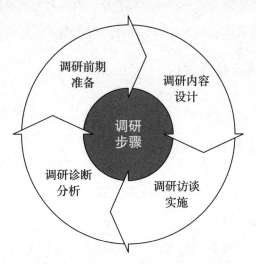

图 7-1　优质渠道管理项目调研步骤

表 7-3　优质渠道管理项目调研步骤及阶段性成果

调研步骤	步骤说明	阶段性成果
调研前期准备	和各地市单位对接人进行沟通，确定调研时间； 拟订调研计划。	优质渠道管理项目调研计划书
调研内容设计	明确调研目的、设计调研方式，并编制相应的访谈内容。	优质渠道管理项目访谈提纲
调研访谈实施	针对各地市单位的渠道主管进行深度访谈。	优质渠道管理项目访谈记录
调研诊断分析	整理访谈记录、提炼关键发现，制作调研报告。	优质渠道管理项目调研报告

4. 调研访谈实施过程

项目组按照"B—A—E—F—C—D"的顺序对位于某省 6 个地市的单位进行了深度访谈。

表 7-4 优质渠道管理项目调研访谈实施过程

调研方式	日期	天数	城市	受访人数	参与顾问人数
深度访谈	8月22日	1	B	6	2
	8月23日	1	A	6	2
	8月23日	1	E	8	2
	8月27日	1	F	4	2
	8月28日	1	C	5	2
	8月31日	1	D	3	2

（1）调研关键发现

本项目采用理论培训、跨界学习和行动改进相结合的方式对渠道管理者进行"混合式培养"，理论培训夯实基础，跨界学习促动灵感，行动改进确保效果。为了设计出有效的"混合式培养"内容，项目组从培训需求、跨界学习和行动改进三个角度进行调研，并通过对访谈记录的整理，提炼出调研的关键发现。

表 7-5 优质渠道管理项目调研关键发现

调研主题			调研关键发现
一级维度	二级维度	三级维度	
培训需求	渠道发展趋势认知	市场形势和渠道转型理解	渠道转型是公司未来发展的趋势； 公司内部对市场形势和渠道转型的认识不深刻、不统一。
	对渠道经理的管理	渠道经理自信重塑	部分渠道经理在和渠道老板接触的过程中自信心不足。
		渠道经理工作监控	对渠道经理缺乏有效的监控手段、方法和工具，无法有效了解其工作开展情况。
		渠道经理考核激励	部分渠道经理的工作主动性较弱。
		渠道经理团队打造	新形势下如何打造高绩效、高凝聚力的渠道经理团队是渠道主管面临的巨大挑战。

续表

调研主题			调研关键发现
一级维度	二级维度	三级维度	
对渠道的管理		渠道布局规划	在渠道转型的背景下，公司的渠道布局规划需要重新调整，尤其是要向核心商圈转移； 公司在核心商圈的渠道越来越边缘化； 渠道扩张迅速、数量众多，渠道利益开始受到冲击。
		渠道成员选择	网点开发的难度越来越大； "策反"竞争对手网点的方式比较单一，主要通过"利诱"。
		渠道成员掌控	现有渠道结构和数量保证了极高的市场覆盖率，但面临管控能力不足的问题； 对渠道生存状态的了解不够深入，导致渠道经理无法很好地把握渠道真实的、核心的诉求，以采取有针对性的渠道掌控方法和对策； 竞争对手通过自建和策反渠道两种手段，削弱公司渠道的绝对优势； 公司对手机卖场、连锁卖场的掌控力不足； 缺乏一套有效的方法和工具收集渠道的最新信息，并传递至后台。
		渠道经营管理	公司对存量市场中的客户价值挖掘和深度捆绑是公司收入的有效增长点； 缺乏基于渠道所在区域商圈特性的市场营销策略和渠道管理措施； 对渠道销售终端等高价值业务的积极性不高； 渠道业绩提升能力缺乏； 终端等高价值业务缺乏标准化的营销推广流程，导致产品营销难度大。
跨界学习	——	——	由于这几年的渠道转型，对快速消费品、终端手机厂家等渠道管理的经验是渠道管理人员关注的重点； 跨界学习需要聚焦人群、关注问题，做到有的放矢。
行动改进	——	——	行动改进关注"组织内部讨论解决公司当前切实存在的问题"； 运用多种手段确保"行动改进成果"的形成及落地。

（三）调研诊断分析

1. 培训需求调研诊断分析

挖掘渠道管理培训需求的关键是诊断出渠道管理者面临的主要问题。基于自身在渠道管理领域多年的经验，我们提出了"1—2—8"渠道管理调研诊断框架。"1"代表一个方向，渠道管理者需了解渠道未来的发展方向，以及在该方向上的重点工作；"2"代表两个层面，渠道管理者须从"对渠道经理的管理"和"对渠道的管理"两个方面努力，开展渠道管理重点工作；"8"代表八项举措，渠道管理者须实施八项具体工作，确保渠道管理重点工作的落地。

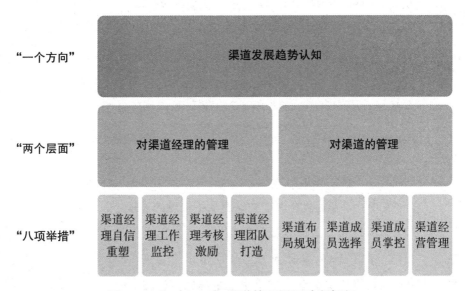

图 7-2　"1—2—8"渠道管理调研诊断框架

（四）培训需求关键发现分析

1. 渠道发展趋势认知

（1）关键发现 1：渠道转型是公司未来发展的趋势

在调研过程中，大部分渠道主管认为，"渠道转型是公司未来的发展趋势"，主要有两方面的原因。第一，终端等高价值业务的销售主要集中在手机卖场、连锁卖场等核心渠道上，一旦出现"反水"，对公司市场的影响很大，迫切需要公司所有渠道进行转型，规避市场风险；第二，大部分渠道盈利模式单一，以传统的套卡销售为主要盈利点，隐藏着结构性风险——随着套卡市场趋于饱和，未来势必面临收入和利润增长瓶颈问题，所以渠道需要转型，由传统的套卡销售转向终端、套卡、数据等多元化业务销售。

（2）关键发现2：我司内部对市场形势和渠道转型的认识不深刻、不统一

大部分渠道主管意识到了市场竞争激烈、渠道需要转型，但对市场的具体形势认识不够深刻，且在渠道转向何方、如何转等问题上，未形成共识。

（3）对课程设计的启示

① 在对目前市场形势分析的基础上引出"渠道转型"的内容，并按照"渠道转型目标——渠道转型内涵——渠道转型背景下，渠道管理的工作重点——渠道转型背景下，对渠道主管、渠道经理、渠道的要求"的思路阐述"渠道转型"，统一思想、形成合力。

② 在"渠道转型内涵"模块，设计"渠道转型之我见"的讨论环节，丰富渠道转型的内涵，加深学员对渠道转型内涵的理解。

2. 对渠道经理的管理

（1）渠道经理自信重塑

①关键发现：部分渠道经理在和渠道老板接触的过程中自信心不足

部分渠道经理在和渠道老板接触的过程中自信心不足，主要有五方面的原因。第一，渠道转型，渠道从过往以套卡销售为主转向终端、套卡、数据业务等混合式销售，渠道套卡的销量越来越低，再加上终端等高价值业务的营销能力不足，公司收入占比越来越低；第二，渠道运营成本越来越高，而渠道星级激励没有做有针对性的调整，导致渠道星级激励对渠道的吸引力不足；第三，目前几个竞争对手都在激烈争夺渠道，并相继提出了更好的合作条件，渠道面临的选择和诱惑越来越多；第四，渠道经理自身的流动性较强，新上任的渠道经理对渠道的掌控能力不足；第五，终端等高价值业务竞争优势不足，导致渠道对我公司信心不足。

②对课程设计的启示

• 在课程中设计"我司的优势""未来发展愿景""对渠道的定位和待遇"

等内容，建立渠道对我司的信赖，也坚定渠道经理对渠道管理的信心。

（2）渠道经理工作监控

①关键发现：对渠道经理缺乏好的监控手段、方法和工具，无法有效了解其工作开展情况

尽管渠道经理会定期按照渠道室的要求反馈渠道走访的相关信息，但对渠道经理是否真的走访了、走访的效果怎么样，无法进行有效的核实。

②对课程设计的启示

• 介绍渠道经理的管理、方法和工具。

• 引入竞争对手、手机厂家等企业渠道经理工作监控的优秀经验。

（3）渠道经理考核激励

①关键发现：部分渠道经理的工作主动性较弱

部分渠道经理工作年限较长，工作显现"疲态"；部分渠道经理只做"上面"安排的工作，"上面"安排什么就做什么，缺乏对工作的主动创新思考；由于市场竞争激烈，终端等高价值业务与对手相比竞争优势不足，部分渠道经理感觉无所适从，对渠道进行粗放式管理，放任自流；目前渠道经理考核机制无法对渠道经理的工作量和工作成效进行量化考核，也是影响其工作积极性的重要因素。

②对课程设计的启示

• 深入解剖渠道经理工作积极性不高的深层次原因，对不同类型的渠道经理进行差异化分析。

• 介绍调动渠道经理工作激情的举措。

• 引入竞争对手、手机厂家等企业调动渠道经理工作激情的优秀做法。

（4）渠道经理团队打造

①关键发现：新形势下如何打造高绩效、高凝聚力的渠道经理团队是渠道主管面临的巨大挑战

一方面，由于人员岗位调动，部分新上任的渠道主管过往没有"带兵打仗"的经验，不能很好地打造拥有高绩效、高凝聚力的渠道经理团队；另一方面，公司处在渠道转型期，面临诸如市场竞争更加激烈、客户需求更加多元化、终端等高价值业务优势不足等新情况。在新形势下打造拥有高绩效、高凝聚

力的渠道经理团队，对新老渠道主管来说都是巨大的挑战。

②对课程设计的启示

- 介绍团队打造的理念等相关知识。
- 分享优秀企业团队打造的案例。
- 重点突出新形势下公司渠道经理团队打造的策略和举措。

3. 对渠道的管理

（1）渠道布局规划

①关键发现1：渠道转型背景下，公司的渠道布局规划需要重新调整，尤其是要向核心商圈转移

核心商圈是主战场，是终端等高价值业务目标群体聚集地，随着公司定位从服务转向营销，渠道从以套卡销售为主转向终端、套卡、数据业务等混合式销售，公司的渠道布局规划需要重新调整，尤其是要向核心商圈转移。

②关键发现2：公司在核心商圈的渠道越来越边缘化

由于竞争对手"策反"，渠道运营成本增加，加上网点星级激励缺乏吸引力等因素，公司在核心商圈的渠道越来越边缘化。

③关键发现3：渠道扩张迅速，数量众多，渠道利益开始受到冲击

为了和竞争对手抢市场，公司不断拓展新渠道。尽管通过新渠道拓展缔造了公司在存量市场的绝对优势，但由于渠道数量众多，竞争加剧，单个渠道的利润有下降趋势，渠道普遍面临"吃不饱"的问题。

④对课程设计的启示

- 首先介绍传统渠道布局规划的方法、步骤和工具，让学员全面掌握渠道布局规划的方法论。
- 其次讲解新形势下渠道布局规划应如何操作、需要考虑哪些新的因素，原有的方法、步骤和工具是否需要调整，即在公司定位从服务转向营销，渠道从以套卡销售为主转向终端、套卡、数据业务等混合式销售，公司在核心商圈的渠道越来越边缘化，渠道普遍面临"吃不饱"的问题的背景下，如何进行渠道布局规划。
- 在本章节引入案例：其他优秀企业在类似背景下是如何进行渠道布局规

划的。

（2）渠道成员选择

①关键发现 1：网点开发难度越来越大

一方面，由于市场竞争激烈，渠道面临的选择和诱惑更多；另一方面，公司在终端等业务上与竞争对手相比优势不足，导致公司在网点开发上的难度越来越大。

②关键发现 2："策反"竞争对手网点的方式比较单一，主要是"利诱"

谈及"策反"竞争对手网点的困难时，大部分渠道主管认为是竞争对手给的酬金高、利益多。

③对课程设计的启示

• 不同类型网点的利益诉求不一样，讲师须根据网点所属类型介绍差异化的网点拓展方法、技巧和工具，尤其要突出核心商圈网点的拓展。

• 竞争对手不同类型网点的利益诉求不一样，讲师须根据竞争对手网点所属类型介绍差异化的网点"策反"方法、技巧和工具，尤其要突出核心商圈网点的"策反"。

• 在本章节引入案例：其他优秀企业典型的网点开发和竞争对手网点"策反案例"。

（3）渠道成员掌控

①关键发现 1：现有渠道结构和数量保证了极高的市场覆盖率，但面临管控能力不足问题

主要表现在三个方面，第一，渠道数量众多，而渠道经理的数量和精力有限，无法对渠道开展有效的政策传递、巡视检查和督促辅导工作；第二，现有渠道结构更多地针对的是发展新用户（绝大多数为低端用户），但对现有用户的再服务没有得到有效的覆盖，如终端等高价值业务的存量营销，巩固和激发他们持续消费的能力较弱；第三，对于分销渠道的掌控存在盲区。

②关键发现 2：对渠道生存状态的了解不够深入，导致渠道经理无法很好把握渠道真实的、核心的利益诉求，以采取有针对性的渠道掌控方法

对渠道生存状态的了解不够深入，如不同类型渠道的盈利能力怎样、它们是如何生存的等，导致渠道经理无法很好把握渠道真实的、核心的利益诉

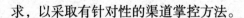

求，以采取有针对性的渠道掌控方法。

③关键发现3：竞争对手通过自建和"策反"渠道两种手段，开始削弱公司渠道的绝对优势

一方面，竞争对手采取合围或贴近公司渠道的做法，或在公司尚未进驻的开发区、居民区等进行渠道建设；另一方面，竞争对手用更有利的酬金政策、门店补贴、终端优势等对公司渠道进行"策反"，开始削弱公司渠道的绝对优势。

④关键发现4：我司对手机卖场、连锁卖场的掌控力不足

手机卖场、连锁卖场比较强势，公司业务营销难度大，导致公司对手机卖场、连锁卖场的掌控力不足。

⑤关键发现5：缺乏一套有效的方法和工具收集渠道的最新信息，并传递至后台

渠道经理不能及时、有效地收集新增、退出、摇摆（和竞争对手接触）渠道的信息，并将信息更新传递至后台，以支撑后台制定有针对性的渠道管理对策。

⑥对课程设计的启示

- 由于渠道数量众多，而渠道经理人员有限，针对核心渠道和非核心渠道的管理策略，是"抓大放小"，还是"两手都要抓"？建议在本章节设计"渠道管理总体策略"的内容并进行讲解。

- 不同类型渠道的利益诉求不一样，讲师须根据渠道所属的类型介绍差异化的渠道掌控方法、举措，尤其要突出对手机卖场、连锁卖场掌控方法的内容。

- 建议在本章节加入"渠道生存状态"的内容，介绍不同类型渠道的盈利能力和生存方式，加深学员对渠道的理解。

- 建议在本章节引入"其他优秀企业典型的渠道掌控案例"。

（4）渠道经营管理

①关键发现1：公司存量市场的客户价值挖掘和深度捆绑是我司收入的有效增长点

由于现有渠道结构更多地针对的是发展新用户（绝大多数为低端用户），针对现有用户的再服务没有得到有效的覆盖，如终端等高价值业务的存量营

销，巩固和激发他们持续消费的能力也较弱，所以公司对存量市场的客户价值挖掘和深度捆绑在未来会成为收入的有效增长点。

②关键发现2：缺乏基于渠道所在区域商圈特性的市场营销策略和渠道管理措施

细分了渠道的类型和星级，但对市场缺乏细分，没有根据渠道所在区域的商圈特性制定市场营销策略和渠道管理措施，如针对不同商圈特性的渠道确定不同的主推产品、宣传设计等，对渠道的引导能力和支撑能力有限，既不利于渠道管理与业务运营，也不利于用户对渠道业务的认知与接受。

③关键发现3：对渠道销售终端等高价值业务的积极性不高

主要有三方面原因，第一，渠道利润来源较多，公司业务占其收入比重较低；第二，渠道对终端高价值业务的营销政策、酬金政策等的了解很浅，对终端等高价值业务如何带来利润、能带来多少利润并不清楚；第三，在终端等高价值业务领域与竞争对手相比，产品优势不足。

④关键发现4：渠道业绩提升能力缺乏

竞争对手一方面不断向公司的渠道进行渗透、抢占宣传资源，另一方面又通过以终端为中心的营销活动抢占新增市场，公司的渠道应对能力不足，亟须提升在吸引目标用户群、用户维护和消费激发，以及推动终端等高价值业务销售方面的能力。

⑤关键发现5：终端等高价值业务缺乏标准化的营销推广流程，导致产品营销难度大

渠道人员素质参差不齐、终端等高价值业务内容复杂，又缺乏标准化的营销推广流程，如营销流程、营销脚本和营销工具等，导致产品营销难度大。

⑥对课程设计的启示

- 本章节建议以"渠道增收"为中心，设计渠道经营方向、细分市场深耕、渠道业绩提升、重点产品营销突破等核心模块内容。

- 在渠道经营方向模块须明确渠道管理的主要工作是存量市场深耕，还是新市场拓展，并介绍存量市场的客户挖掘和深度捆绑的意义、价值和手段。

- 细分市场深耕模块须涵盖市场的细分方式，并针对不同细分市场渠道

的管理方式进行讲解。

- 在渠道业绩提升模块中应包括影响渠道业绩提升的因素分析，如宣传、销售和促销等，以及如何提升渠道业绩。
- 重点产品营销突破模块要围绕产品在营销过程中出现的问题进行设计，形成整套的营销推广流程，如营销流程、营销脚本和营销工具等。

（五）行动改进调研诊断分析

（1）关键发现1：行动改进关注"组织内部讨论解决公司当前切实存在的问题"

行动改进的开展过程就是围绕所选择的课题进行反思与实践的过程。各地市渠道发展的模式和发展现状存在差异，各地市存在的问题和采取的解决办法也不同。本次行动改进以渠道管理人员在工作中共同存在的问题为行动改进课题。

（2）关键发现2：运用多种手段确保"行动改进成果"的形成及落地

本次行动改进将采用课堂研讨、课中辅导以及课后作业等多种方法保障行动改进成果的顺畅形成和完美落地，保证学员都能学有所得。

（3）对行动改进的启示

- 行动改进时间跨度以30—45天为宜，保证学员能够合理安排学习和工作。
- 行动改进应选择学员关注的问题作为行动改进课题，并提前将课题清单发给学员，让他们有充足的时间进行思考和准备。

表 7-6　调研关键结果分析

调研主题			调研关键发现	课程内容方向
一级维度	二级维度	三级维度		
培训需求	渠道发展趋势认知	市场形势和渠道转型理解	渠道转型是公司未来发展的趋势；我司内部对市场形势和渠道转型的认识不深刻、不统一。	市场形势分析；渠道转型目标；渠道转型内涵；在渠道转型背景下，渠道管理的工作重点；在渠道转型背景下，对渠道主管、渠道经理、渠道的要求。
	对渠道经理的管理	渠道经理自信重塑	部分渠道经理在和渠道老板接触的过程中自信心不足。	公司的优势、未来发展愿景、对渠道的定位和待遇；渠道经理心态调试。
		渠道经理工作监控	对渠道经理缺乏有效的监控手段、方法和工具，无法有效了解其工作开展情况。	对渠道经理工作监控的方法和工具。
		渠道经理考核激励	部分渠道经理的工作主动性较弱。	渠道经理工作意愿剖析；渠道经理差异化激励方法。
		渠道经理团队打造	新形势下如何打造高绩效、高凝聚力的渠道经理团队是渠道主管面临的巨大挑战。	渠道经理团队打造的盲点；渠道经理团队打造的策略和举措。
	对渠道的管理	渠道布局规划	在渠道转型的背景下，公司的渠道布局规划需要重新调整，尤其是要向核心商圈转移；公司在核心商圈的渠道越来越边缘化；渠道扩张迅速、数量众多，渠道利益开始受到冲击。	传统渠道布局规划的方法、步骤和工具；新形势下的渠道布局规划如何操作。

续表

调研主题			调研关键发现	课程内容方向
一级维度	二级维度	三级维度		
		渠道成员选择	网点开发的难度越来越大；"策反"竞争对手网点的方式比较单一，主要是"利诱"。	渠道成员的选择标准和方式； 不同类型网点的拓展方法、技巧和工具（尤其要突出核心商圈网点的拓展）； 竞争对手不同类型网点策反的方法、技巧和工具（尤其要突出竞争对手核心商圈网点的"策反"）。
		渠道成员掌控	现有渠道结构和数量保证了极高的市场覆盖率，但面临管控能力不足的问题； 对渠道生存状态的了解不够深入，导致渠道经理无法很好地把握渠道真实的、核心的诉求，以采取针对性的渠道掌控方法和对策； 竞争对手通过自建和策反渠道两种手段，削弱公司渠道的绝对优势； 公司对手机卖场、连锁卖场的掌控力不足； 缺乏一套有效的方法和工具收集渠道的最新信息，并传递至后台。	渠道的生存状态（不同类型渠道）； 渠道掌控总体策略 ——核心渠道和非核心渠道的管理策略：是"抓大放小"，还是两手都要抓； 渠道掌控的方法、举措（不同类型渠道，尤其要突出对手机卖场、连锁卖场的掌控）； 对手机卖场、连锁卖场的掌控。

续表

调研主题			调研关键发现	课程内容方向
一级维度	二级维度	三级维度		
		渠道经营管理	公司存量市场的客户价值挖掘和深度捆绑是公司收入的有效增长点； 缺乏基于渠道所在区域商圈特性的市场营销策略和渠道管理措施； 对渠道销售终端等高价值业务的积极性不高； 渠道业绩提升能力缺乏； 终端等高价值业务缺乏标准化的营销推广流程，导致产品营销难度大。	存量市场的客户挖掘和深度捆绑； 针对不同市场的渠道管理：校园市场、外来务工人员市场、农村市场、核心商圈市场等； 渠道业绩提升：宣传、营销、促销； 终端等高价值业务的营销推广流程。

（六）需求分析汇总

表 7-7　渠道开发课程需求分析汇总

发起者	培训学院
发起原因	公司推出了新的渠道管理策略。
课程目标	掌握新的渠道管控手段，能对渠道进行有效管控。
其他要求	——
适用范围	全国适用☐　集团适用☐　分公司适用☑　子公司适用☐
受众数量	100 人以内☐　　100—500 人☐　　500 人以上☑
研发基础	新开发☑　　　　优化☐
准入标准	——

续表

背景分析	背景信息	年龄结构：20—30 岁 性别结构：男性为主，约 85% 岗位经验：3 年为主 学历结构：大专以上 区位结构：A、B、C、D 为主
	对课程设计的启发	需要以实操经验为主。
起点技能分析	起点技能	目前都有渠道管理的经验。
	对课程设计的启发	管理思路比较混乱，需要对渠道管理的方法进行系统化学习。
动机技能分析	动机特征	愿意参与其中，属于主动学习。
	对课程设计的启发	在课程的设计过程之中需要多融入案例教学，调动学员的学习积极性。
学习风格分析	学习风格测试结果	发散型（ ）聚合型（√） 同化型（ ）适应性（ ）
	对课程设计的启发	以聚合型为主，其他学习风格也要兼而有之，在设计的过程中需要多样化的教学活动，以满足各种学员的学习需求。

工作任务分析结构	子任务 / 流程 / 场景	期望值	关键挑战
任务流程	主要任务或流程一 主要任务或流程二 主要任务或流程三	能合理地对渠道进行规划； 渠道服务； 不同卖场的渠道服务。	渠道的分层分级管理； 渠道的贴心及时服务； 不同卖场的渠道服务。
典型场景	典型工作场景一 典型工作场景二 典型工作场景三	校园市场开拓； 外来务工人员市场开拓； 渠道促销。	如何快速攻占校园市场； 如何帮助外来务工人员认识到新产品的优势； 渠道在进行促销的过程中能进行有效联动。

续表

课程名称	优质渠道管理技能提升	时长（小时）	18
课程目标	理解当前市场形势，明确渠道主管的工作定位； 了解管理渠道经理的关键点，掌握管理渠道经理的具体方法和手段； 掌握渠道布局规划、渠道成员选择、渠道成员掌控； 掌握渠道经营管理策略。	开发方式	内部开发□ 外部开发□ 联合开发☑
开发人员	培训学院、市场部	教学环境	实验室　□ 课室　　☑ 户外　　□ 其他　　□

主要课程内容	该单元目标的初步描述	教学方法的初步选择
行业竞争格局与渠道转型	——	知晓当前公司的竞争格局及公司对渠道转型的要求。	面授
渠道管理四大模块中的重要问题	——	认识渠道的重要性。	小组讨论
渠道动态布局和规划	——	能根据公司的最新要求对渠道进行分层分级管理。	沙盘
创意服务——用感动成就完美沟通	——	能准确把握渠道服务的相关技巧，做渠道的"知心人"。	案例分析

市场细分、渠道细分与策略	——	能掌握渠道的细分技巧。	小组讨论
手机卖场、家电连锁类型渠道的管理对策	——	能对不同的渠道类型进行有效管理。	沙盘
卖场与连锁渠道四层级管理对策	——	能精准地对卖场和连锁渠道进行有效管理，提供差异化的管理策略。	案例教学
校园市场渠道管理专题	——	能精准地进行校园市场拓展，并掌握大型促销的技巧。	视频教学
外来务工人员市场开发与渠道建设	——	能掌握对外来务工人员进行新产品营销的渠道培训技能。	情景演练
渠道业绩公式	——	能精确计算出渠道的业绩。	小组讨论
如何提升渠道以产品为抓手的营销能力	——	能针对不同的营销主题进行营销。	讲授
渠道宣传方法	——	能掌握渠道的有效宣传方法。	自我学习法
渠道促销落地与执行	——	能掌握渠道的促销落地技巧。	实践模拟
渠道服务管理	——	能准确地为渠道提供高效服务。	练习法
任务与业务跟进三部曲	——	能掌握任务跟进的三个步骤。	案例学习法
渠道经理、渠道绩效沟通八步骤	——	掌握向下沟通技巧，能很好地辅导渠道经理开展工作。	示范辅导法
结训前的自由交流	——	能解答学员心中的疑惑。	研讨法

三、第三步：开发课程包

（一）输出课程大纲

表 7-8 渠道开发课程大纲

培训对象	渠道主管	课程名称	优质渠道管理技能提升
培训方式	面授	考核方式	测试
培训课时	18	最佳人数	35 人以内

课程简介

渠道主管通过系统的学习之后，能明确渠道经理的工作定位，能根据当前公司的战略提升自己的能力，顺利实现"对渠道主管的管理能力"和"对渠道的管理能力"的提升，进而提升公司对渠道的掌控力和整体竞争力。

培训目标

任务目标

- 掌握渠道布局规划、渠道成员选择、渠道成员掌控的方法；
- 掌握渠道经营管理策略。

知识目标

- 理解当前市场形势，明确渠道主管的工作定位；
- 了解对渠道经理管理的关键点，掌握对渠道经理管理的具体方法。

参考资料

"渠道管理办法""渠道为王""经销商管理"

布场要求

- 环境：灯光明亮，温度在 26℃左右，通风良好；
- 总体：音响、音频线、2 个话筒、投影、2 块白板、1 卷白纸、每人 1 支签字笔、1 包 A4 纸、1 个相机。
- 小组：贴纸、马克笔、练习题。

章节目录	培训方法
1. 行业竞争格局与渠道转型（60 分钟）	面授
1.1 市场变化与渠道特征 　1.1.1 运营商 A 的市场策略与渠道策略 　1.1.2 运营商 B 的市场策略与渠道策略	

续表

1.1.3 公司的市场策略与渠道策略 　　1.1.4 市场变化引起的渠道管理转型 1.2 渠道产品线转型 1.3 渠道经营模式转型 1.4 渠道掌控方式转型 1.5 渠道营销模式转型 1.6 渠道人员素质转型 1.7 运营商与渠道关系 1.8 明确渠道管理人员的定位 1.9 明确渠道一线人员的工作定位	
2. 渠道管理四大模块中的重要问题（60 分钟）	小组讨论
2.1 渠道建设中的核心问题 　　2.1.1 网点多了还是少了 　　2.1.2 专营还是混营 　　2.1.3 层级之间如何区隔和定位 2.2 渠道管理中的核心问题 　　2.2.1 目前的星级管理的优点和缺点 　　2.2.2 酬金"指挥棒"往哪里挥 　　2.2.3 考核指标如何设计 　　2.2.4 离网与重入网 2.3 渠道经营中的核心问题 　　2.3.1 店铺经营与业务经营 　　2.3.2 收入占比的问题 　　2.3.3 渠道经营中的核心问题与公司能介入的问题 2.4 人员管理中的核心问题 　　2.4.1 渠道经理们的价值定位 　　2.4.2 渠道经理们的工作技能提升方法 　　2.4.3 网点店长的管理难点 　　2.4.4 网点店员的管理难点	
3. 渠道动态布局和规划（60 分钟）	沙盘
3.1 渠道布局要考虑的几个问题 3.2 渠道的数量和质量 3.3 渠道的类型和落点 3.4 渠道数量相关因素分析	

3.5 用户数量与渠道数量	
3.6 渠道收入水平与渠道数量	
3.7 竞争对手渠道数量分析	
3.8 确定渠道数量的方法和步骤	
案例：×× 地 / 市的渠道数量测算	
案例：×× 地 / 市的渠道布局	
4. 创意服务——用感动成就完美沟通（60 分钟）	案例分析
4.1 渠道掌控的定义	
4.2 渠道掌控的几个核心理念	
4.3 渠道掌控的方式	
4.3.1 各个模块中渠道掌控的要点	
4.3.2 政策掌控与执行掌控	
4.3.3 渠道掌控的具体方法	
4.3.4 渠道维系的具体举措	
案例：卖场掌控	
案例："领头羊"掌控	
案例：信息掌控	
5. 市场细分、渠道细分与策略（60 分钟）	小组讨论
5.1 STP	
5.2 市场细分的重要性	
5.3 市场细分的方法	
5.4 市场细分有效性原则	
5.5 各类市场中有效的市场细分	
课堂讨论：每个小组讨论出 5 种有效的市场与渠道的细分方法	
6. 手机卖场、家电连锁类型渠道的管理对策（60 分钟）	沙盘
6.1 手机卖场与连锁的业态特征	
6.2 运营商 A 的卖场政策与酬金政策	
6.3 运营商 B 的卖场政策与酬金政策	
6.4 公司与手机连锁渠道的价值博弈	
6.5 公司与手机卖场相互的负面价值分析	
6.6 卖场与连锁渠道的掌控方法	
6.6.1 酬金控制	
6.6.2 产业链控制	
6.6.3 资源整合控制	
6.6.4 场地控制	

7. 卖场与连锁渠道四层级管理对策（60分钟）	案例教学
7.1 老板	
7.2 高层	
7.3 店长	
7.4 店员	
7.5 相关案例	
7.5.1 A 省某地市的连锁店 A 案例	
7.5.2 B 省某地市的连锁店 B 案例	
7.5.3 C 省某地市的连锁店 C 案例	
7.5.4 某地市掌控地盘的案例	
8. 校园市场渠道管理专题（60分钟）	视频教学
8.1 校园市场的重要性	
8.2 校园市场的特征	
8.3 校园市场的细分方法	
8.4 大中专院校的渠道建设和管理要点	
8.5 中学市场的渠道建设与管理要点	
案例：校园迎新的学生触点与功能设计	
案例：校园活动的开展	
9. 外来务工人员市场开发与渠道建设（60分钟）	情景演练
9.1 农村市场的特征	
9.2 农村市场开发的现状与困惑	
9.3 乡镇渠道的布局与竞争优势分析	
9.4 乡镇市场潜力与渠道能力四个矩阵	
9.5 乡村服务站运营的案例	
9.5.1 "76543"	
9.6 村级服务站有效性提升的五个核心因素	
9.6.1 需求因素	
9.6.2 地点选择	
9.6.3 人员选择	
9.6.4 运营	
9.6.5 支撑	
课堂讨论：村级服务站的各个因素的二级因素是什么	
10. 渠道业绩公式（60分钟）	小组讨论

续表

10.1 渠道业绩提升才是硬道理 10.2 渠道经理的使命就是帮助提升渠道价值从而提升公司价值 10.3 渠道业绩公式的关键要素 　　10.3.1 准客户量 　　10.3.2 接触率 　　10.3.3 成交率 　　10.3.4 成交量 　　课堂讨论：各个因素如何提升 10.4 现有渠道的问题在哪里 10.5 渠道业绩调查表的使用方法	
11. 如何提升渠道的以产品为抓手的营销能力（60 分钟）	讲授
11.1 三种营销套路 　　11.1.1 拿着产品找客户 　　11.1.2 面对客户推产品 　　11.1.3 指标倒推法 　　课堂活动：各个小组按照三种营销讨论设计渠道营销方案 11.2 渠道主动营销的方法 11.3 渠道宣传方法大全 11.4 公司卖场产品与终端的销售十法 　　11.4.1 对比法 　　11.4.2 演示法	
12. 渠道宣传方法（60 分钟）	自我学习法
12.1 宣传的核心价值：知晓率 　　12.1.1 宣传种类 　　12.1.2 媒体宣传 　　12.1.3 物料宣传 　　12.1.4 人际宣传 　　12.1.5 电子宣传 12.2 头脑风暴：可以用哪些渠道方法，分别用于什么场景	
13. 渠道促销落地与执行（60 分钟）	实践模拟
13.1 渠道促销的关键点 13.2 渠道促销方案的设计	

13.3 流动型渠道效能提升"十要"
    13.3.1 踩点
    13.3.2 造势
    13.3.3 人气
    13.3.4 新颖	

14. 渠道服务管理（60 分钟）	练习法

14.1 渠道服务规范的关键点
 14.2 渠道服务规范设计应注意的问题
 14.3 渠道服务的精髓
 14.4 渠道服务的具体举措
    案例：软硬枕头
    案例：座垫
 14.5 终端售后服务规范
 课堂讨论：目前终端售后服务遇到的问题和对策	

15. 任务与业务跟进三部曲（60 分钟）	案例学习法
15.1 业务跟进的意义 15.2 业务跟进的工具 15.3 业务跟进的三步曲 案例：渠道的 30 个带"4"的号码 15.4 渠道激励的方法	
16. 渠道经理、渠道绩效沟通八步骤（60 分钟）	示范辅导法
16.1 渠道经理、渠道绩效不佳的原因 16.2 业绩沟通的几个重要原则 16.3 三明治原则 16.4 利他原则 16.5 提升绩效原则 16.6 对事不对人原则 16.7 绩效沟通的八个步骤 16.8 绩效沟通表 课堂演练：与一个想辞职的渠道经理的沟通 课堂演练：与一个业绩差的优质网点的沟通	
17. 结训前的自由交流（Q&A）（120 分钟）	研讨法
17.1 实际工作问题和难点的交流 17.2 课程内容应用和导入交流	

（二）输出讲师 PPT 和讲师手册

讲师 PPT 和讲师手册可以合二为一，也可以分别制作，由于课程内容过多，这里不再一一展示。

（三）输出课程案例

1. 案例编写者及单位：

××省××县分公司　姓名：　　职务：　　　手机：

2. 案例摘要

在集团总部战略的牵引下，在省分、市分工作部署下，××县分公司利用××县城某连锁卖场 A 第二连锁店开业之际，组织员工参与促销，三天时间销售 XG 合约用户 1168 户，创××市卖场促销新纪录。

3. 关键词

XG；连锁渠道；销量 1168 户。

4. 案例正文

（1）案例背景

20××年 6 月 25—27 日，××县县城主要商业区某连锁卖场 A 第二连锁店开业，这是继 3 年前一店、当年 1 月某连锁卖场 B 店、5 月五星店开业后，又一个重要的连锁渠道在我县城开业。在市分公司的指导下，我县分公司组织 120 多人次，参与开业促销，销售 3G 连锁卖场合约（40%—50% 政策补贴）1168 户。

就促销组织的过程来看，策划精心、分工明确、统一指挥、保障有力是取得促销成功的关键。

（2）案例描述

【精心策划】开业之前，县分公司成立了以总经理为组长的活动指挥部，与市分市场部一起制定策划案，多次就产品政策、业务宣传、人员编组、岗位职责与分工、晨例会、晚例会、佣金发放、突发事件的应对等进行周密计划和部署，落实到人，对应急情况的处置也事先做了安排。

【分工明确】该连锁卖场二店分布三层，总面积约 1000 平方米，位于我县最繁华的中心商业区。一楼主要销售 3C 产品、二楼主要销售电脑和小家电、三楼主要销售大家电。我们的营业受理点设在一楼手机卖场，正对手机柜台的中央，位置最好。显然，一楼是我们的主要目标。促销期间，一楼设组长 1 人，由 ××× 担任；助销人员根据手机品牌和商场督导人数安排，每个大品牌和重点督导安排助销 1 人，共安排 12 人。营业员 5 人，选号台 1 人、两个营业受理台席 2 人、一个收费台席 2 人，进行"一条龙"服务。二楼设组长 1 人，由 ××× 担任，助销人员 9 人。三楼设组长 1 人，由 ××× 担任，助销人员 9 人。公司总经理、副总经理、综合部经理、工维部经理等组成指挥部。车队驾驶员、账务、库管、市场部后台支撑人员、工维部支持人员等现场待命。

组长负责全楼层的统一指挥、疑难问题的解决、数据分析统计以及促销佣金的现场发放。每楼层助销员协助卖场销售人员进行公司政策的宣传、产品的推荐、软件安装、手机演示、资费说明、缴费方式、售后服务、办理流程等的讲解，帮助客户选择合适的消费套餐。营业前台选号设 1 人，主要负责号码的选择；营业员受理台席设 2 人，负责业务受理；收费员设 1 人，负责收取客户费用及复核，同时发放卖场购物券（由公司从卖场领取，每晚营业结束后与卖场对账结算）。公司总指挥部成员负责各楼层的巡视，与组长及时交流信息。应急人员主要负责及时供应物料、存缴营业款及替补其他员工。每天早晚，各组长要参加卖场促销员晨、晚例会，说明政策、发放佣金、总结前一天的情况，提出需要改进的事项。每天营业终了，公司集中当天参加促销的员工开会，总结和分析当天工作，提出注意事项。

【统一指挥】开业之前，公司召开了专题培训会，明确了产品政策、宣传口径、各岗位的职责、操作流程及应急措施。公司还印制了 5000 份宣传单页，于 24 日下午 5—7 点，由公司全体员工编成 15 个小组，在各街道、商业城、农贸市场、居民小区散发宣传，加上卖场在一个月前就进行了倒计时宣传，宣传效果明显。在现场，公司每天召集各楼长开晨会、讲要求，指挥部每两小时通报各楼层的销售进度，每天晚上召集全体促销人员开会，总结当天的情况，明确提出第二天的注意事项。指挥部现场坐镇指挥，及时处理出现的问题。

【保障有力】对促销的各环节准备充分和及时应对是保障有力的前提。虽然我们准备充分并制订了应急预案，但现场情况比预计的复杂得多。我们原计划三天销售 600 户，只准备了 800 个号，号源问题考虑得不够周到，结果第一天就销售了 400 多户，于是我们立即向市分市场部和市分分管领导汇报，得到了快速支持，当即调用了 800 个号，解了燃眉之急。

5. 案例思考题

- 连锁卖场促销是"借鸡下蛋"，需要与卖场各个层面进行沟通与交流，取得卖场的支持，如何做好各个层面的有效沟通与及时交流？如厂家销售代表、保安、收银台等。
- 促销现场出现客户投诉等干扰因素时应如何处置？
- 现场促销时如出现个别柜面不配合、不支持应如何处置？如卖场的非手机产品柜面。
- 针对在促销现场出现的问题，竞争对手及时应对，使得我们的局面被动时，应如何处置？

6. 案例分析点评

现场促销形式多样，包括春节前后的返乡和回城市场、学校春秋季开学市场、集团单位办理现场等，而连锁卖场的促销有其特殊性，连锁卖场的促销是利用卖场的地点销售，同时，竞争对手也在现场促销。客流量较大、场地面积有限，对参与促销人员的素质要求较高。

一次成功促销的关键在于促销前的准备、促销过程的有效组织和控制、促销后的总结等几个方面。具体包括事前与店家的充分沟通与交流、店员的培训、店内各个环节的协调与沟通、促销业务的宣传、现场人员的安排、各岗位职责的明确、现场的统一指挥和协调、应急预案的准备、每天的现场总结和必要的资源保障。

我们从上述案例中，还可以看到：

（1）事前充分沟通是做好工作的前提

事前沟通与协调是一场重头戏。市分与卖场的市店领导、县分公司与县店领导层曾进行了多次沟通协调，反复研究、达成共识。市分分管副总经理与卖场的市店副总经理分别到现场督察协调，市场部负责连锁渠道的领导与卖场的市店运营商部领导每天都到现场督导，县分领导与卖场县店领导现场坐镇指挥，各个层面均有对接人。无论哪个层面出现问题，先由对接人协调处理，不能解决的，必须第一时间报上级处置。因此保证了整个运作过程得以顺利进行。

（2）开好部署、总结会是必要的条件

每天根据现场情况，利用晨会、晚例会及时总结也是成功的关键之一。及时总结每天出现的问题，在晚例会上交流，及时提醒各位督导和助销员。每天在晨会上部署工作任务、进行先进典型介绍、提出注意事项、兑现前一天的佣金是必须要做的工作。这样能够调动卖场参加店员和员工的积极性，激发他们当天的工作热情，同时也激励其他人员向先进学习。

（3）及时处置现场出现的各种问题是成功的又一关键点

针对现场出现的各种问题，卖场和运营商均能做到及时交流、沟通处置，并做好善后工作，不留"尾巴"。例如，发放给客户的卖场券遗失，如处置得当，事情将走向正面，处置不当，造成的后果则较为严重。处置时，卖场、运营商领导根据实际情况简化手续和流程，在确定事实的基础上及时快速地解决问题，也是关键。

（4）业务知识的培训是店员、助销员促销的重要环节

第一，我们结合卖场的工作流程和自己的业务办理流程，制定了一张"明白纸"，同时在"明白纸"上注明了解决问题的关键人。第二，我们事先曾多次与手机销售的督导和销售人员接触，与每个人沟通交流办理流程和业务要求，确保他们熟记于心。第三，在开业前，我们利用卖场开会的机会，专门到卖场进行了一次全面培训。第四，我们培训、测试了多次参与促销的人员，对客户可能提出的问题进行事先演练。第五，在现场与客户接触过程中，以卖场销售员向客户介绍产品为主，客户准备购买了，我们的助销员再向客户介绍优惠条件，引起客户的兴趣，增加成交的可能性。

（四）输出课程二级评估试卷

新时期渠道转型管理提升培训班测试卷

题号	一、不定项选择题	二、判断题	三、简答题	总分
得分				

☆以下试题全部在试卷上做答，请使用黑色或蓝色中性笔在相应位置填写答案。

一、不定项选择题（每题 5 分，共 25 分）

1. 渠道选址考虑的四个关键要素是（   ）。

   A. 客流量大

   B. 地理位置好

   C. 风景秀丽

   D. 区域结构合理

   E. 有营销能力

2. 竞争对手渠道"策反"三步骤是（   ）。

   A. 摸底   B. 靠近   C. 进球   D. 踢球

3. 卖场与连锁渠道的掌控四层次是（   ）。

   A. 老板   B. 老板秘书   C. 高层

   D. 店长   E. 店员

4. 体验销售的第一步是（   ）。

   A. 促进成交   B. 激发共鸣

   C. 引导参与   D. 引发兴趣

5. 体验销售的五个关键点是（   ）。

   A. 感观：引起人们的注意

   B. 情感：使体验变得个性化

   C. 微笑：拉近与客户间的距离

   D. 思考：加强对体验的认知

E. 行动：唤起对体验的投入

F. 联想：使得体验产生意义

二、判断题（每题5分，共15分）

1. 店铺业绩的提升路径是：提高准客户量、提高接触率、提高成交率和提高购买量。 （　　）

2. 末梢网点有效性提升的关键因素包括：需求、选点、选人、运营、支撑。 （　　）

3. 渠道经理业务跟进三部曲是：找差距、找原因和找方法。 （　　）

三、简答题（每题20分，共60分）

1. 社会渠道转型的十项内容是什么？

2. 卖场与连锁渠道掌控的十策略是什么？

3. 请列出本次培训后的三个行动计划。

四、第四步：优化完善

（一）收集满意度

表 7-9　课程满意度调查

序号	期数	授课形式	日期	参训人数	课程满意度（满分10分）	讲师满意度（满分10分）	综合满意度（满分10分）
1	第1期	面授	10月22日—10月24日	27	9.45	9.45	9.45
2	第2期	面授	10月28日—10月31日	25	9.71	9.77	9.74
3	第3期	面授	11月14日—11月16日	26	9.71	9.8	9.76
4	第4期	面授	11月28日—11月30日	26	9.77	9.91	9.84

（二）收集反馈意见

表 7-10 课程满意度意见收集

增加内容
渠道体系部分； 实际案例； 培训计划； 可以启发学员的案例。
减少内容
其他运营商的案例。
时间安排
时间过紧，需要对一些非核心的业务运营方法内容进行压缩。

参考文献

［1］戴维·帕门特.关键绩效指标：KPI 的开发、实施和应用［M］.王世权，秦锐，张丹译，北京：机械工业出版社，2012。

［2］克里斯蒂娜·沃特克.OKR 工作法：谷歌、领英等公司的高绩效秘籍［M］.明道团队译，北京：中信出版社，2017。

［3］唐纳德·L.柯克帕特里克，詹姆斯·L.柯克帕特里克，如何做好培训评估：柯式四级评估法（第 3 版）［M］.林祝君译，北京：电子工业出版社，2015。

［4］卡尔·斯特恩，迈克尔·戴姆勒.The Boston Consulting Group on Strategy：Classic Concepts and New Perspectives［M］.John Wiley and Sons Ltd，2006。

［5］萧鸣政.工作分析的方法与技术［M］.北京：中国人民大学出版社，2010。

［6］乔伊斯·奥斯兰，大卫·库伯，欧文·鲁宾，马琳·特纳·库伯 & 奥斯兰组织行为学［M］.王永丽，何敏，叶敏译，北京：中国人民大学出版社，2011。

［7］布卢姆.教育目标分类学：分类学视野下的学与教及其测评［M］.北京：外语教学与研究出版社，2009。

［8］布卢姆.教育目标分类学：分类学视野下的学与教及其测评［M］.北京：外语教学与研究出版社，2009。

［9］R.M.加涅.教学设计原理［M］.皮连生译.上海：华东师范大学出版社，2005.

［10］芭芭拉·明托.金字塔原理［M］汪洱，高渝译.海口：南海出版公司，2013.

后　记

前事不忘，后事之师。任正非先生曾经说过，"组织最大的浪费是经验的浪费"。组织过去的成功很大程度上源于对优秀经验的不断积累和复制。如何进行高效的复制？这不单单是一把手的事，也不只是人力资源部的事，这是每一个组织成员都应该思考的事。

"知识管理"讲了很多年，指的是对过去经验的筛选、萃取、二次加工和进一步传播。但是在做课程开发的时候笔者发现，很多被选来参加培训的成员与我们经常提及的"高绩效"并不匹配，他们都是"被安排"来的。对于这种问题，我们同样有方法可以化解，即将组织内部的优秀经验通过调研、访谈、数据分析、工作流程梳理、典型场景设计等方法来进行有效升华，排沙拣金。

笔者在撰写本书的时候也进行了仔细的思考，对于"读者到底需要一本什么样的课程开发书"进行了定位。

经常听到有学员抱怨，"看了很多课程开发的书，还是不会开发课程……听了很多课程开发的课，还是不懂如何运用"，甚至误以为课程开发就是做个工作汇报的 PPT。前期在定位的时候笔者就想到，课程开发一定是"取之于民，用之于民"的，即课程必须是从业务中来，又回到业务中去的，要选取与组织绩效紧密相关的内容，不能"怎么方便怎么来"，而要"怎么有效怎么来"。课程开发如果不能帮助组织提升绩效，就是"耍流氓"。

在本书的写作过程中，笔者得到了中国法制出版社潘孝莉女士、西南财经大学博士生导师方明先生和许多同事的悉心指导。在多次讨论后确定了本书的主线，既要深入业务，又要帮助大家树立一个理念：课程开发是可以支撑战略落地的，既要有"阳春白雪"，又要有"下里巴人"。希望阅读本书能帮助做业务的伙伴认识到，自己的最大价值不只是"单兵作战"，还是将自己的最优秀的"打法"提炼出来，帮助组织提升绩效，业务伙伴不断提炼的同时也是对自己过往工作的有效总结。

所谓教学相长，写书的过程也是在让笔者自己过往的"打法"形成"套路"，为组织和社会的进步贡献一份自己的力量。

与此同时，本书在最后一章提供了一个完整的课程开发案例供大家参考，目的是降低课程开发实操的难度、帮助大家克服在实际课程开发过程中的畏难情绪，使读者朋友们可以"照葫芦画瓢"。"宝剑锋从磨砺出，梅花香自苦寒来。"优的课程开发并不能一蹴而就，这是一个长期修炼的过程，但只要迈出了第一步，后面就容易多了。